KB080414

부동산
대출수업

경제적 자유를 위한

처음 하는 부동산 공부

부동산

박순호(담백한대출) 지음

대출 수업

"이 책을 집어 든 순간 당신 차례입니다"

부동산 왕초보를 위한 내집마련 불변의 법칙

체인지업
CHANGEUP

피할 수 없는 세 가지.
죽음, 세금, 그리고 대출

우리가 살면서 한 번도 대출받지 않을 수 있을까? 나도 그렇고 여러
분도 그렇고 대출은 일반적인 삶을 살아갈 때 피할 수 없는 경험이다.
지금은 대출을 업으로 삼고 있지만, 첫 대출의 긴장감은 아직도 생생히
기억난다. 나의 인생 첫 대출은 2019년 처음으로 아파트를 구매할 때
받은 디딤돌 대출이었다. 당시에는 대출에 대해 아무것도 몰랐지만, 운
이 좋게도 부동산에서 소개해준 대출상담사를 통해 큰 도움을 받았다.

매매에 필요한 각종 서류를 친절히 설명해주시는 것은 기본이고 더
좋은 대출을 받기 위해 부단히 노력해주셨다. 만약 이분이 없었다면 대
출에 대해 아무것도 모르던 내가 시중은행이나 보험사 등의 다양한 대
출상품을 비교할 수 있었을까? 또한 좋은 정책상품인 디딤돌 대출 상
품을 스스로 발견하고, 내가 대출요건을 충족하는지 판단할 수 있었을
까? 좀 더 복잡한 상황에 놓여있다면 어땠을까? 다주택자거나 투기지

역 등 규제지역의 주택을 매수하는 경우라면 수많은 대출상품 속에서 최적의 상품을 이용하기란 쉽지 않을 것이다.

우리가 대출을 무서워하는 이유

왜 대출을 받는 게 어렵고 두려울까? 우리가 보통 대출을 고려하는 상황은 집을 살 때고, 그때의 대출금은 '몇억 원'이라는 정말로 큰돈이기 때문이다. 하지만 대출을 한 번이라도 잘 활용해 본 사람들은 아파트 대출을 가장 안전한 대출이라고 생각한다. 도대체 무슨 차이가 있기에 이렇게 초보자와 경험자 사이에 대출을 바라보는 관점이 다른 것일까? 그것은 바로 '내가 받은 대출을 모두 갚아야 한다'라는 선입견 때문이다.

여기서 한가지 질문을 던져본다.

"지금 구매한 아파트에서 평생 살 것인가?"

답은 아마도 '아니오'일 것이다. 처음 대출을 통해 구매한 아파트로 시작해서 앞으로 여러 번 이사하고, 그때마다 좀 더 넓고 좋은, 비싼 집으로 갈아타기를 할 것이다. 예를 통해 알아보자. 대출을 통해 아파트를 매수하고 매달 원금과 이자로만 100만 원을 갚고 있다. 이 아파트를 매도해서 시세차익을 얻었다면 나는 이 돈을 계속 갚아야 할까? 이 정답 또한 '아니오'다. 대출은 집을 매수한 다음 매수자가 갚기 때문이다.

그리고 생각을 바꾸면 이 100만 원에서 또 다른 가치를 찾을 수 있다. 달마다 갚아야 할 돈에 시야가 좁아졌다면 발견할 수 없는 숨겨진 가치다.

기회비용을 생각하면 대출 원리금 '100만 원'은 과연 큰 금액일까?

대출로 집을 사서 원금과 이자로 100만 원씩 내는 A와 비슷한 집에서 월세 50만 원을 내며 사는 B를 비교해보자. B와 비교하면 A가 집을 매수하며 추가로 들어가는 부담은 100만 원이 아니라, 대출이자 '50만 원'일 뿐이다. 한 달에 50만 원을 더 내면 남의 집이 아닌 내 집이 생기고, 부동산 가격이 상승한다면 집값의 차익도 얻을 수 있다.

B처럼 아파트를 사지 않고 월세 50만 원을 주며 산다면, 잠깐의 안정을 위해 해마다 600만 원이라는 돈이 사라질 뿐이다. 그리고 임대차계약이 끝난 2년 후엔 새로운 집을 찾기 위해 시간과 돈을 낭비하고,

시간이 흘러 올라간 월세도 감내할지도 모른다.

하지만 A같이 대출을 통해 아파트를 구매하면 B가 내는 돈에 추가로 50만 원만 더 부담해 온전한 내 집에서 살 수 있다. 그리고 이 집에서 심리적인 편안함을 얻고, 부동산 가격이 상승한다면 시세차익도 누릴 수 있다. 차이는 단지 월에 50만 원의 이자. 1년에 600만 원의 이자일 뿐이다.

《부동산 대출 수업》 안에는 '대출'이라는 유용한 도구를 다룰 다양한 팁과 전략이 들어있다. 집을 구해야 하지만 자금이 부족해 전세를 고려하는 분이나 인생 첫 집에 들어갈 기대에 벅찬 분들, 내 집을 디딤돌로 삼아 더 큰 기회를 노리거나 일시적인 위기를 현명하게 넘기고 싶은 분들이 이 책을 통해 본인이 받을 대출을 이해하고 최적의 대출을 받길 바란다. 또 지금 자신의 상황과 맞지 않는 부분이 있더라도 미리 알아둔다면, 그 상황이 닥쳤을 때 정확한 정보를 바탕으로 스스로 판단할 수 있을 것이다.

이제 함께 대출 수업을 시작해보자.

2024년 여름,
박순호 올림

4교시 > 1주택자를 위한 실전 레버리지 투자의 정석

5교시 > 전문투자자를 위한 대출의 정석 (주거용 부동산편)

1교시

대출이
쉬워지는
9가지 포인트

대출이 쉬워지는
용어 부수기

대출을 받기 전 기본적으로 알면 좋은 요소들이 있다. 지금부터 그 요소들을 하나씩 알아보자.

1. 대출의 한도

담보대출을 이해하기 위해 가장 먼저 LTV(Loan To Value ratio)라는 용어를 확실하게 익혀야 한다. 주택을 담보로 돈을 빌릴 때 인정되는 자산가치의 비율을 말하는 용어이다. 10억 원으로 평가받는 주택에 5억 원의 대출이 있다고 가정해보자. 이 경우 자산 대비 빚의 비율은 50%이며, LTV는 50%가 된다. 만약 같은 매물에 7억 원의 대출이 가능하다면 LTV 70%인 셈이다. 대출의 한도는 LTV의 비율에 따라 달라지며 이는 보유주택 수와 자산의 위치가 투기지역인지에 따라서 달라진다.

금리는 누구나 가지고 있을 통장의 예금금리 덕분에 대출의 주요 요소 중에서 가장 친숙할 것이다. 총대출금에 연금리를 곱하면 연이자를 알 수 있고 이를 12로 나누면 월이자가 된다. 대출금리를 구하는 계산식은 다음과 같다.

대출금리를 계산하는 방법

> 대출금리 = 기준금리 + 가산금리 − 우대금리

기준금리는 말 그대로 은행에서 대출을 결정할 때 기준이 되는 금리다. 주택담보대출의 기준금리는 COFIX(자금조달비용지수)를, 단기대출의 기준금리는 KORIBOR(한국의 은행 간 대출금리)를 이용하고 있다. 가산금리는 개인의 신용도 등에 따라 결정되는 금리로, 신용도가 높으면 가산금리는 낮아지고 신용도가 낮으면 가산금리가 높아진다. 또 우대금리는 은행 등 금융기관이 예·적금 가입이나 신용카드 이용 등 거래실적이 좋은 고객에게 적용하는 금리 인하 혜택이다.

COFIX 이해하기

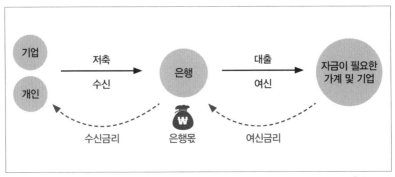

출처: TOSS

2. 금리의 적용 방식 3가지

우리가 대출상품에 가입할 때는 다음 세 종류의 금리 중 하나를 골라서 가입해야 한다. 경제 상황이나 개인의 상황에 맞춰 현명한 선택이 필요하다.

금리에 따른 변제방식의 차이

> ① 고정금리: 가입할 때의 금리가 만기까지 적용된다.
> ② 변동금리: 대출 기간의 기준금리에 따라 대출상품의 금리가 바뀐다. 보통 3개월이나 6개월 주기를 선택하며, 해당 주기마다 금리의 조정을 거친다.
> ③ 혼합금리: 일정 기간 고정금리를 적용한 후, 변동금리를 적용하는 방식이다.

3. 대출 기간 설정

최근 50년 만기 대출상품이 나오면서 이목을 끌었다. 대출상품마다 조금씩 조건이 다르지만, 대부분 최저 10년부터 최장 50년까지 자신의 나이나 상환능력에 따라서 다양하게 상환기간을 설정할 수 있으며 월별 원리금(원금과 이자의 합) 부담도 조정할 수 있다.

4. 대출 상환방식

대출 상환방식은 크게 세 가지로, 원리금균등상환과 원금균등상환, 만기일시상환이 있다. 가장 먼저 원리금균등상환은 말 그대로 원금과 이자를 합한 원리금을 균등하게 나누어 상환하는 방식이다. 매달 나가는 금액이 일정해 재무계획을 세우기 좋은 장점이 있다. 하지만 원금균등상환과 비교하면 월간 부담금이 더 많다는 단점도 있다.

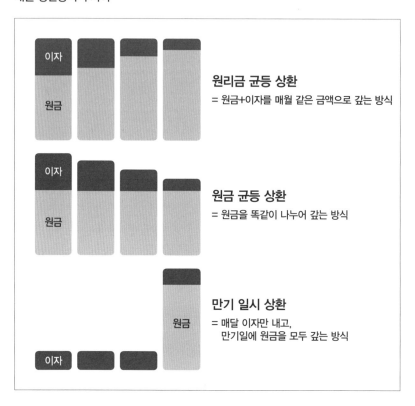

두 번째로 원금균등상환은 원금을 대출 기간으로 나누어 매월 똑같은 금액을 내고, 이자는 매월 남아있는 원금 잔액에만 적용하는 방식이다. 대출 초기에는 원금 잔액이 많이 남아있어 상환액이 많지만, 시간이 갈수록 원금 잔액과 함께 이자도 줄어드는 장점이 있다. 결국, 따져보면 가장 이자를 적게 내는 방식이다.

마지막은 만기일시상환이다. 보통 1년에서 5년 거치형으로 표현되며 쉽게 말하면 만기에 모든 대출금액을 일시 상환한다는 뜻이다. 만기일까지 대출에 대한 이자만 내다가 만기일에 원금과 남은 이자를 모두 내는 방식이다. 대출 기간에는 이자만 내기에 부담이 적을 수 있지만, 이자를 가장 많이 내게 된다. 하지만 가장 큰 레버리지 효과와 더불어 중도상환 수수료 면제 등 특수한 상황을 이용하면 이자의 부담도 없앨 수 있다.

그렇다면 위의 세 상환방식 중 한도만 따지면 어떤 방식이 우리에게 가장 유리할까? 대출한도는 원금균등상환의 승리다. 연봉 6,000만 원인 사람이 40년 만기, 3.8%의 금리를 가진 주택담보대출을 원금균등상환으로 받으면 5억4,000만 원까지 대출받을 수 있다. 위의 조건이 같을 때 원리금균등상환을 선택하면 4억9,000만 원이라는 다소 줄어든 한도를 받게 된다.

연봉이라는 조건을 줄여도 마찬가지다. 시중의 모든 상품에 연소득 5,000만 원부터 4,000만 원을 대입했을 때, 원금균등상환이 원리금균등상환보다 2,000만 원 높은 한도를 보여줬다. 물론 원금균등상환이 모든 면에서 원리금균등상환을 이기는 것은 아니다. 한도에서는 졌어도 달마다 내야 하는 대출 원리금의 관리는, 매달 원리금이 일정한 원리금균등상환이 편리하기 때문이다.

결론적으로 대출 상환방식을 결정할 때는 자신의 자금 상황을 먼저 분석하는 것이 중요하다. 중장년층처럼 자금 계획상 고정적인 지출이 편리한 경우에는 원리금균등상환이 조금 더 유리할 수 있다. 반면 대출이자를 줄이고 싶은 신혼부부들은 초기 부담이 다소 늘어나더라도 원금균등상환으로 대출받는 게 적합할 것이다.

내 한도를 정하는
LTV, DTI, DSR

대출은 나와 상관없다고 생각하는 사람도 많지만, 대출의 진짜 장벽은 복잡한 용어일지도 모른다. 주택담보대출이 필요할 때 가장 기본적인 용어만 이해하고 있어도, 내가 받으려는 대출상품을 더 빠르게 이해하고 이용할 수 있을 것이다.

정부의 부동산 규제나 정책이 변할 때마다 LTV와 DTI, DSR이라는 용어가 수없이 등장하고, TV나 유튜브 등에서 전문가들이 이 단어를 말하며 정책을 설명한다. 하지만 부동산에 관심이 없는 일반인 중에 그 뜻을 정확히 이해하는 사람은 많지 않다. 그래서 한 번에 이해하고 평생 써먹을 수 있도록 쉽게 알아보자.

우선 대출은 크게 신용대출과 담보대출로 분류할 수 있다. 담보대출은 주로 주택담보대출을 말한다. 소유한 주택을 담보로 다른 집을 매수할 때나, 생계나 사업상의 이유로 대출받는 경우가 일반적이다. 신용대출과 비교하면 실제 담보(부동산)가 있어 금리가 낮은 편이다.

LTV는 집의 가치 대비 얼마까지 빌릴 수 있는지를 뜻하는 말이다. 쉽게 말하면 '너희 집 시세가 얼마야? 시세의 일정 부분만큼 빌려줄게'라는 뜻이다. 예를 들어 현재 시세 10억 원 가치의 집이 있고 그 집을 담보로 7억 원을 대출받는다면, 시세의 70%를 받았기에 LTV는 70%가 된다. 5억 원을 대출받는다면 LTV는 50%가 되는 직관적인 지표다.

대출금리를 계산하는 방법

$$DSR \quad \frac{\text{연간주택담보대출상환금액 (원금+이자)} + \text{기타대출 상환금액 (원금+이자)}}{\text{연소득금액}} \times 100$$

$$DTI \quad \frac{\text{연간주택담보대출상환금액 (원금+이자)} + \text{기타대출 상환금액 (이자)}}{\text{연소득금액}} \times 100$$

다음은 DTI(Debt To Income ratio)다. DTI의 뜻은 '총부채상환비율'로, 용어만 보자면 바로 확 와닿지 않겠지만, 쉽게 표현하면 '너의 수입은 얼마니? 그 수입을 보고 계산해서 빌려줄게'라고 말하는 것이다.

결국 이 지표의 핵심은 '수입'이다. 수입에 따라 원금과 이자를 빌릴 수 있는 한도가 정해진다. 예를 들어 연봉이 5,000만 원인 사람의 DTI가 50%라면, 원금과 이자를 합쳐 5,000만 원의 50%인 2,500만 원까지 대출받을 수 있다. 따라서 수입이 늘어나면 대출액도 커지는 것이다. 즉, 소득에 비해 빚을 갚을 능력이 얼마나 되는지 알아보는 것이다.

DSR(Debt Service Ration)은 DTI보다 조금 더 까다롭다. DSR은 '총부채원리금상환비율'을 뜻하며, 쉽게 표현하면 '너 모든 빚의 원리금이 얼마야? 그 크기를 보고 빌려줄게.'라고 말하는 것이다. DTI보다 좀 더 깐깐한 기준을 가진 대출 평가로. 내가 가지고 있는 모든 빚을 기준으로 빌릴 수 있는 돈의 상한선을 정한다.

위의 도표를 확인하면 그 차이를 알 수 있다. 기타대출 상환금액으로 이자만 보는 DTI와는 다르게, DSR은 기타대출 상환금액으로 원리금을 확인한다. 개인이 가진 모든 대출의 원리금을 따지기 때문에 가장 깐깐한 평가 기준이라고 볼 수 있다. 주택담보대출뿐만 아니라 학자금대출, 마이너스대출, 자동차 할부, 카드론 등 모든 대출의 원리금을 합한 것을 기준으로 연소득 대비 일정 비율까지 대출받을 수 있다.

DSR보다 더 까다롭고 강력한 것이 온다. 스트레스 DSR

2024년 2월 26일부터 '스트레스 DSR'이라는 낯선 제도가 은행의 주택담보대출에 처음 적용되었다. 이 제도는 향후 금리 상승 시 차주의 원리금 상환 부담이 증가할 가능성을 사전에 고려해 대출한도를 조정하는 것으로, 대출 시 가산금리(스트레스 금리)를 도입하여 미래의 금리변동 위험을 반영하는 것이다. 가계부채 증가율 억제와 금융소비자 보호를 위한 정부의 조치라고 볼 수 있다.

이 스트레스 DSR의 적용은 대출한도에 직접적인 영향을 미치며, 금융위원회는 이 조치로 2024년 말까지 개인대출의 한도는 최대 9%, 2025년에는 최대 16%까지 감소할 것으로 예측했다. 이러한 대출한도의 축소는 특히 변동금리·혼합형·주기형 주택담보대출을 이용하는 소비자들에게 큰 영향을 미칠 것이다. 그리고 최근 은행들의 대출금리 인상에 따라 소비자의 대출 접근성이 더욱 어려워질 것이다.

스트레스 DSR의 계산 방식은 과거 5년간 최고 금리와 현재 금리의 차이를 기준으로 삼는다. 이를 통해 하한선 1.5% 및 상한선 3.0% 사이에서 스트레스 금리가 결정된다. 다만 새 제도 시행에 따른 여파를 줄이기 위해 오는 6월 30일까지는 스트레스 금리의 25%만 적용될 예정이다. 따라서 2024년 상반기에는 0.38%가 스트레스 금리로 더해져 비교적 온화한 축소율을 보이지만, 2024년 하반기에는 50%인 0.75%, 2025년부터는 100%인 1.5%가 적용되어 대출한도가 크게 줄어들 것이다.

스트레스 DSR 적용에 따른 대출한도 변화

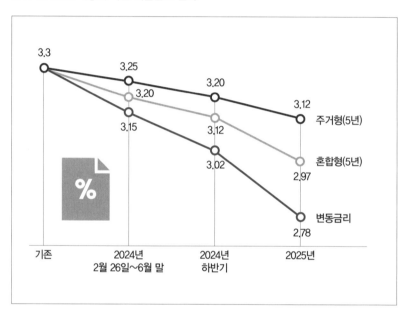

금융위원회가 진행한 시뮬레이션에 따르면 연봉 5,000만 원인 직장인이 변동금리로 30년 만기 분할 상환 대출(금리 5.04% 기준)을 받을 때 기존 DSR을 적용하면 대출한도는 3억3,000만 원이다. 하지만 스트레스 DSR가 시행되며 이 직장인의 대출한도는 올해 상반기까지 3억1,500만 원으로 4% 줄어든다, 올해 하반기에는 3억200만 원으로 9% 감소, 스트레스 금리가 모두 적용되는 내년부터는 2억7,800만 원으로

부동산 대출 수업

16%나 감소한다.

만약 혼합형 대출(5년간 고정금리)을 이용했다면 올해 상반기에는 대출한도가 3억2,000만 원으로 3% 줄어들며, 주기형 대출(5년 주기 변동금리)을 이용했다면 같은 기간 대출한도가 3억2,500만 원으로 2% 줄어든다. 고정금리 기간이 길어질수록 스트레스 금리가 완화되는 것을 볼 수 있다. 순수 고정금리 주택담보대출의 경우 스트레스 금리는 적용되지 않지만, 시중의 대출 대부분은 변동 또는 혼합금리 대출이므로 전제적인 주택담보대출의 한도 감소는 불가피하다.

이 스트레스 DSR은 올해 하반기부터 은행권 신용대출과 제2금융권 주택담보대출까지 확대 적용될 예정이다. 만약 자신이 대출받을 계획이 있다면 이러한 시장 변화를 검토하고, 가능한 한 빠르게 대출 계획을 세우거나, 스트레스 DSR의 적용을 받지 않는 사업자대출 등을 검토하길 바란다.

대출 승인율을 올리려면 어떻게 준비해야 할까?

대출 과정에서 서류만 제대로 준비한다면 대출의 승인과 조건을 빠르게 확정할 수 있다. 담보대출과 신용대출에 필요한 서류를 자세히 알아보고, 대출 신청 전 반드시 확인해야 할 사항들을 자세히 알아보자.

대출에 필요한 서류 목록

주택담보대출		신용대출	
용도	서류	용도	서류
부동산 소유권 확인	등기권리증	신용확인	신분증
	매매계약서		
신분 확인	주민등록초본		재직증명서
	신분증		
	인감도장		

			신용확인	
신분 확인	인감증명서			근로소득 원천징수 영수증
	가족관계증명서			
임대차 계약 확인	전입세대 열람내역			
채무상환능력 확인	근로자	재직증명서		사업자등록증명원
		근로소득 원천징수 영수증		
	개인사업자	사업자등록증명원		
		소득금액증명원 (종합/사업)		전년도 소득금액 증명서
	무직자	건강보험납부확인서		
		신용·체크카드 사용내역서		

담보대출 준비 서류

담보대출, 특히 주택담보대출에 필요한 서류는 너무나 다양하다. 은행 등 금융사는 대출을 심사할 때 대출 신청인이 빚을 안정적으로 갚을 수 있는지를 가장 중요하게 살펴본다. 그렇기에 신청인의 소득과 채무상환능력을 확인할 수 있도록 다양한 서류를 요구하고 있다.

① 부동산 소유권 증명 서류: 등기권리증 또는 매매계약서는 필수다. 내 소유의 부동산을 담보로 설정할 때는 등기권리증이 필요하며, 구매 예정인 부동산을 담보로 설정할 때는 매매계약서가 필요하다. 이 서류들로 부동산의 소유권을 명확하게 증명하는 것이다.

② 신분증 사본 및 등·초본: 대출신청자의 신분과 대출 대상 부동산과의 관계를 증명하며 주택담보대출 관련 규제 확인에 사용된다. 만약 내가 속한 세대 구성원의 보유주택수가 일정 한도를 초과했다면 추가로 주택담보대출을 받을 수 없거나 LTV 한도가 줄어든다. 또 기존 보유주택을 처분해야 주택담보대출을 받을 수 있다. 따라서 이를 확인하기 위해 미리 제출해야 한다.

③ 소득 및 채무상환능력 증명 서류: 직장인이라면 재직증명서나 근로소득 원천징수 영수증이 필요하다. 개인사업자라면 사업자등록증명원과 소득금액증명원(종합/사업), 무직자라면 건강보험납부확인서, 신용·체크카드 사용내역서 등으로 대신할 수 있다. 이는 대출신청자의 채무상환능력을 증명하는 대출 서류의 핵심이다. 소득자료는 중요하기에 조금 더 자세히 알아보자.

소득의 정의와 종류

소득이란?	비교적 장기간, 정기적으로 예상되는 수입을 뜻함
소득의 종류	증빙소득: 공공성이 강한 기관에서 발급. 객관성이 있는 자료로 입증한 근로소득, 사업소득, 연금소득, 기타소득 등을 포함하는 소득
	인정소득: 공공기관 등의 발급자료 (국민연금, 건강보험료 납부내역 등)를 바탕으로 추정한 소득
	신고소득: 증빙소득 또는 인정소득에 해당하지 않는 이자, 배당금, 지대, 임대료 등 재산을 활용해 얻은 소득으로. 대출신청자가 제출한 자료를 통해 추정한다

소득자료는 총 세 종류로 나뉜다. 첫 번째는 증빙소득이다. 소득금액

증명원, 근로소득 원천징수영수증, 부가가치세 과세표준증명원 등 나라나 회사에서 발급한 객관적 서류를 말한다. 소득을 증빙할 때는 근로나 사업소득을 가리지 말고 자신이 낼 수 있는 최대한의 자료를 제출하자.

두 번째는 신고소득이다. 신용카드 사용 금액으로 소득을 환산하는 것으로, 이 기록을 제출할 때는 국세청의 〈홈택스〉를 이용하자. 매년 1월에 모든 카드사가 국세청으로 자료를 제출하며, 홈택스에 들어가면 카드사별로 사용 금액에 '총괄' 형태로 정리되어 있다. 간혹 연세가 있는 분들은 카드사 고객센터에 일일이 요청해 제출하는데, 이렇게 나뉜 자료는 은행이 거부할 수도 있다.

마지막으로 인정소득은 공공기관에 납부하는 건강보험납부금으로 소득을 환산하는 방식이다. 자신이 지역가입자인지 직장가입자인지 반드시 확인해야 하며, 지역가입자일 경우 고지 금액은 완납되어 있어야 한다. 직장가입자라면 완납증명서를 추가로 첨부할 필요가 있다. 피부양자는 완납증명서와 부양자의 자격 득실, 납부내역 등을 모두 첨부해야 한다.

은행 등 금융사에 따라선 납세 관련 서류들도 추가로 요구한다. 신청인에게 밀린 세금이 있는지를 확인하기 위해서다. 이를 위해 납세증명서, 지방세 납세증명서, 지방세 세목별 과세증명을 내야 하며, 납세증명서는 〈정부24〉와 〈홈택스〉에서, 지방세 관련 서류들은 〈정부24〉에서 온라인으로 발급받을 수 있다.

이렇게 주택담보대출을 신청하기 위해 필수적인 서류들만 추려도 10종이 넘는다. 또 대부분의 금융사가 대출 신청일로부터 한 달 이내에 발급받은 서류만 인정하며, 일부 금융사는 이보다 더욱 엄격한 발급 기준을 적용하고 있어 이 점 역시 유의해야 한다. 서류를 또다시 제출해야 하는 번거로움을 겪게 될 수 있다.

실제로 대출을 신청할 때는 위에서 언급된 서류 외에도 금융기관이 요구하는 추가 서류가 있을 수 있다. 따라서 신청하기 전 내가 대출받으려는 금융기관의 구체적인 요구 사항을 확인하고 준비하는 것이 매우 중요하다. 이렇게 준비해두면 대출 심사 과정에서 시간 지연을 최소화하고 대출 승인 확률도 높일 수 있다.

대출 신청 전 반드시 확인해야 할 사항

신용점수는 대출의 기본 조건이자 금리와 한도에 큰 영향을 준다. 금리 등 부대조건이 좋은 제1금융권에서 대출받으려면 대략 700점 이상의 금융사별 신용점수 요건을 충족해야 한다. 신용점수는 미리 확인 및 관리가 가능하니 대출 전부터 준비해두자. 신용점수가 높을수록 더 유리한 조건으로 대출받을 수 있다.

또한 대출상품별 자격과 우대조건을 확인하자. 정부의 각종 정책상품이나 일부 대출상품은 특정한 조건을 충족하면 추가 혜택을 제공한다. 예를 들어 일부 주택담보대출은 주택보유 여부나 소득 기준을 충족하는 경우 더 낮은 금리와 높은 한도를 제공한다.

마지막은 부동산의 규제지역 여부다. 내가 대출받으려는 부동산이 규제지역에 속하는지 미리 확인하자. 부동산이 규제지역에 있다면 LTV나 대출한도 등 대출 조건이 까다로워진다.

시세를 잘 찾아야
거래도 빨라진다

예전에는 〈KB부동산〉으로 시세를 확인하는 것이 일반적이지 않았다. 하지만 부동산의 가치에 대한 사람들의 관심이 높아지며 현재는 거의 공식적인 지표로 활용되고 있다. 알고 싶은 부동산의 공식적인 시세와 상한가와 하한가, 평균가를 모두 확인할 수 있으며, 대출 과정에서도 기준으로 삼고 있다.

예를 들어 자신이 사는 아파트의 최근 거래가가 11억 원, 호가는 12억 원이 나왔더라도 〈KB부동산〉의 시세가 10억 원이면, LTV가 50%라고 가정했을 때 그 시세의 50%인 5억 원만 대출받을 수 있다. 이렇게 대출과 시세 파악에 유용한 〈KB부동산〉에서 시세를 조회하는 방법을 알아보자.

〈KB부동산〉으로 기초시세 알아보기

자신이 사용하는 검색 사이트에 〈KB부동산〉(kbland.kr)을 검색하거나 옆에 병기한 주소를 입력해보자. 앞에서 설명한 것처럼 시세부터 실거래가, 매물까지 부동산의 전반적인 정보들을 쉽게 찾을 수 있다.

① 알고 싶은 부동산의 주소와 단지명을 검색

〈KB부동산〉의 검색창과 검색 결과

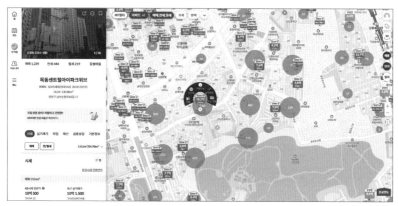

출처: KB부동산

위 사진은 〈KB부동산〉의 검색창으로, 자신이 원하는 부동산의 주소 또는 단지명을 검색해보자. 사진 속 예시는 목동의 '목동센트럴아이파크위브'를 검색한 결과이며, 해당 단지의 년식과 시세, 실거래가, 재건축 정보 등을 알 수 있다.

② 실거래가 정보 및 단지 요약, 평면도 확인하기

〈KB부동산〉의 기타 정보

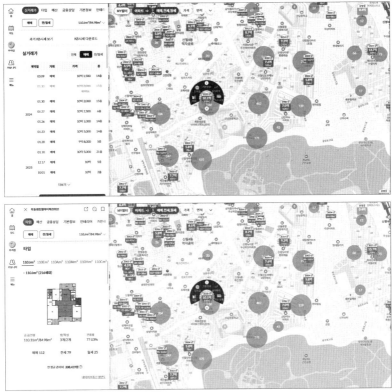

　첫 번째 사진은 최근 실거래가를 보여준다. 2024년 3월 9일, 14층의 33평 매물이 거래되어 국토부에 신고된 실거래가격을 볼 수 있다. 이렇게 〈KB부동산〉을 이용하면 내가 찾는 매물의 실거래가격 동향을 한눈에 파악할 수 있고, 앞으로의 대출에서도 매우 중요한 지표가 된다. 관심이 있는 지역이나 단지를 저장해두고, 주기적으로 파악하는 습관을 기르자.

이외에는 평면도 등 실제로 가지 않으면 알기 힘든 다양한 정보도 함께 살펴볼 수 있다. 가장 좋은 방법은 임장(현장조사)을 나가서 직접 확인하는 것이지만, 시간이 없거나 이미 다녀온 단지의 경우는 빠르게 확인할 수 있어 유용하다.

③ 대출 예상액 및 실제 매물 정보 확인

위에서 말한 것처럼 〈KB부동산〉의 시세는 월세부터 전세, 매매, 대출 등 다양한 부동산의 거래 기준이 되었다. 그 이유에는 강력한 편의성도 한몫하고 있다. 클릭 몇 번이면 내가 어떤 주택을 살 때 자본이 얼마나 필요한지, 대출이자는 얼마나 나올지 등 다양한 예상 정보를 한 번에 찾을 수 있다.

자본금 설정과 대출금액 확인

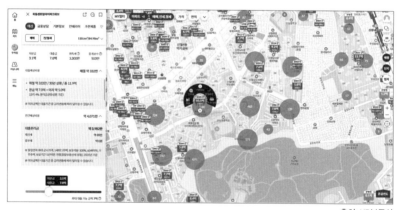

출처: KB부동산

예시 사진으로 목동센트럴아이파크위브 33평형을 구매할 때의 예상 지출을 알아보자. 현재 시세는 10억4,000만 원이며, 최대 7억 원을 대

　　　　　　　　　　　　　　　　　　　　　　부동산 대출 수업

출받을 수 있어 내 자본금은 최소한 3억 원 이상이 필요하다. 이때 대출은 30년 상환으로 매월 약 332만 원, 연간 4,071만 원의 이자가 들어가는 것을 알 수 있다.

KB부동산의 매물 정보

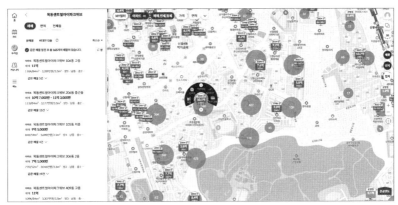

출처: KB부동산

또 지금 시장에 나온 매물들을 비교할 수도 있다. 매매부터 전세와 월세 등 다양한 종류의 매물을 알아볼 수 있으며, 주택 소유자가 생각하는 호가도 알아볼 수 있다. 그렇다면 〈KB부동산〉에 나오지 않는 아파트 단지나 부동산은 어떻게 시세를 파악할 수 있을까? 이럴 때는 크게 두 가지 방법이 있다. 다양한 온라인 사이트나 감정평가사의 탁상감정을 이용한 감정평가액으로 시세를 알 수 있다.

〈부동산테크〉로 추가 정보 알아보기

최근에는 여러 사이트에서 부동산 정보를 자세히 제공하고 있다.

〈KB부동산〉에서 원하는 부동산의 시세를 찾을 수 없으면 〈부동산테크〉(www.rtech.or.kr)의 시세를 활용하자. 금융사도 〈KB부동산〉 다음으로 평가에 활용할 만큼 굉장히 유용한 사이트다.

〈부동산테크〉의 검색창과 검색 결과

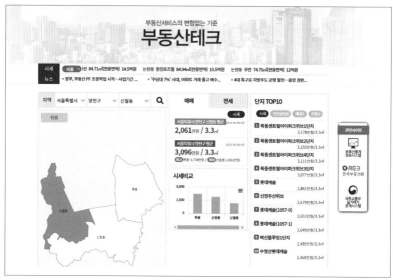

출처: 부동산테크

부동산 대출 수업

〈부동산테크〉도 〈KB부동산〉처럼 지역별, 도로명, 단지명 등을 입력해 알아보고 싶은 곳의 시세를 찾을 수 있다. 검색창에서 내가 원하는 장소의 조건을 입력하자. 위의 예시는 〈KB부동산〉과 동일한 목동센트럴아이파크 1단지를 찾은 결과다. 이렇게 원하는 단지를 찾았다면 〈부동산테크〉가 제공하는 상한가와 하한가를 이용해 그 단지의 평균 가격도 쉽게 구할 수 있을 것이다. 또한 평면도나 전경 사진 등 추가적인 정보도 얻을 수 있다.

탁상감정으로 미확인 시세 알아보기

내가 찾는 부동산을 〈KB부동산〉과 〈부동산테크〉에서 찾을 수 없다면 어떤 방법이 있을까? 감정평가사의 탁상감정을 통해 그 부동산의 시세를 대략 알아낼 수 있다. 탁상감정은 단어 그대로 감정평가사가 탁상 위에서 감정을 진행하는 것을 말한다. 현장 조사 없이 전례와 매매 사례를 기준으로 부동산의 평가액을 산정하며 정식감정 전에 흔히 사용되는 것이 특징이다. 보통 금융기관이 실제 부동산 담보 가치를 평가하기 위해 사용하지만, 이런 식으로도 사용할 수 있다.

신축 건물이나 아파트처럼 기존 거래 시세가 없거나, 단독주택이나 상가처럼 〈KB부동산〉에서 찾기 힘들고 개별 가치의 평가액이 다를 때 금융기관이나 대출기관에 탁상감정을 문의해보자. 다만 탁상감정은 실제로 현장에 나가 조사를 거치는 정식감정과 다소 차이가 있다는 것에 주의했으면 한다. 탁상감정만 믿고 있다가 다른 평가액이 나와서 대출계획이 헝클어질 수도 있다. 실제로 대출을 진행하기 전 감정평가사에게 정식감정을 의뢰해 정확한 감정평가액을 확인해두자.

또 이런 감정평가는 금융사에 따라서 부동산 감정평가액이 다를 수 있다. 더 높은 한도를 원한다면 여러 금융사의 감정평가 후 가치를 가장 높게 평가한 금융사에서 대출받는 것이 유리하다. 이와 유사한 경우의 대출 사례를 읽으며 더 깊게 이해하자.

보통 아파트 1층을 매수할 때는 〈KB부동산〉의 시세 하한가가 적용된다. 그에 따라 대출의 한도가 줄어들고 상대적으로 큰돈이 묶이게 된다. 하지만 기업은행이나 현대해상과 같은 특정 금융기관은 아파트 1층에도 하한가가 아닌 일반가를 기준으로 대출한도를 산정하고 있다.

내 고객 중 한 명은 이를 이용해 단 5,000만 원으로 4억 원짜리 아파트를 매수했다. 해당 아파트의 일반가는 5억 원이었으며 하한가는 4억5,000만 원, 고객이 구매한 금액은 4억 원이었다. 일반적으로 대출받는 금융기관들을 이용했다면 〈KB부동산〉의 하한가 4억5,000만 원의 70%인 3억1,500만 원만 대출받았을 것이다. 하지만 이 투자자는 치밀한 조사를 통해 특정 금융기관을 이용해 일반가 5억 원의 70%인 3억5,000만 원을 대출받고 기회를 잡은 것이다.

따라서, 감정평가를 받거나 집을 구매할 때는 다양한 금융사의 조건을 확인하고, 나에게 유리한 조건을 고르는 것이 중요하다. 투자금을 절약하면서도 우수한 투자 기회를 확보할 수 있기 때문이다. 이런 식으로 급매물을 찾아내어 시세보다 낮은 가격으로 매수한다면 성공적으로 투자를 이어갈 수 있을 것이다. 투자 결정 시 이 정보가 유용하게 활용되기를 바라며 항상 우수한 투자 기회를 포착하기 바란다.

이렇게 부동산 시세정보를 얻는 세 가지 방법을 알아보았다. 〈KB부동산)의 시세는 매주 금요일에 갱신된다. 따라서 매주 금요일 오후에 시세를 검색하면 최신 정보를 알 수 있다. 또 매일 새벽이나 자정, 아침, 퇴근 때처럼 특정 시간에 부동산 시세를 검색하는 습관을 만들자. 자주 검색하고 알아볼수록 기회가 되는 정보를 더 민감하게 알아차릴 수 있다. 한 번 배워서 평생 써먹는 재테크 습관은 멀리 있는 것이 아니다.

등기부등본, 건축물대장을 알면 집이 한눈에 보인다

부동산거래에서 등기부등본과 건축물대장 같은 공인서류의 역할은 매우 중요하다. 이 문서들은 말 그대로 부동산의 '신분증'과 마찬가지다. 부동산의 정확한 위치부터 크기, 구조, 소유권, 대출 및 압류 상태 등의 핵심 정보를 포함하고 있다.

확인하는 방법도 편하고 빠르다. 누구나 부동산의 소재지만 알면 대법원의 〈인터넷등기소〉(www.iros.go.kr)를 이용해 쉽고 빠르게 등기를 떼어볼 수 있고, 이렇게 등기부등본을 열람하는 것만으로 부동산을 매매할 때 해당 부동산의 특이사항이나 소유자와 대출 현황, 압류 상황 등을 파악할 수 있다. 건축물대장도 마찬가지다. 〈정부24〉나 〈세움터〉를 이용해 세부 정보를 빠르게 확인할 수 있다.

이렇게 유용하고 중요한 정보를 스스로 확인하고 제대로 분석할 수 있다면 얼마나 좋을까? 하지만 이런 서류를 처음 보면 복잡한 용어와 서식이 눈을 어지럽힌다. 주변의 부동산사무실에 불쑥 들어가서 물어

볼 수도 없고, 독학은 더 힘들다.

이제는 일고 싶은 부동산의 주소만 찾아 밑에서 설명하는 과정을 따라가자. 몇 번의 클릭만으로 손쉽게 공인서류들을 조회하고, 저렴하고 빠르게 중요한 정보를 얻을 수 있을 것이다. 막연한 걱정은 멈추고 천천히 책을 읽자. 지금부터 평생 써먹는 부동산 정보 획득 방법을 배워보자.

주소만 안다면 누구나, 어떤 주택이든 가능하다

먼저 〈인터넷등기소〉에서 등기부등본을 발급받는 과정을 알아보자.

등기부등본 검색 과정 ①

출처: 인터넷등기소

첫 번째 사진 속 강조한 부분, '열람/발급(출력)'을 누르면 두 번째 사진처럼 부동산 주소의 입력창이 나타난다. 내가 찾고싶은 장소의 자세한 주소를 입력하자. 그리고 사진 하단의 '부동산 소재지번 검색 결과'에서 더 자세한 결과를 선택하자.

부동산 대출 수업

등기부등본 검색 과정 ②

출처: 인터넷등기소

    해당 주소지가 맞는지 확인하고, 등기기록 유형과 주민등록번호 공개 여부를 선택할 수 있다. 등본 확인에는 필요하지 않으니 강조한 위치의 '다음'을 눌러 빠르게 넘어가자. 결제창이 나올 때까지 계속 진행해도 무방하다.

등기부등본 검색 과정 ③

- 도로명주소가 병기되지 않은 부동산 등기기록은 도로명주소로 조회되지 않습니다. 도로명주소로 조회되지 않는 경우에는 **지변주소를** 입력하여 검색하시기 바랍니다.
- 공동담보/전세목록, 매매목록을 등기기록에 포함하려면 해당 선택옵션을 체크하세요.
- **결제대상 부동산을 보시려면 결제대상 부동산 목록보기를 클릭하세요.**

> - 해당 부동산의 확정일자 열람을 원하시면 확정일자 열람하기 ☑ 를 누르세요.

■ 결제대상 부동산

- 검색이 완료되어 결제하실 부동산 목록입니다. 로그인 하시면 한번에 100,000원 미만 까지 일괄 결제가 가능합니다.
- **결제 후 발급/열람하지 못하신 경우 미발급/미열람을 참고하시기 바랍니다.**

N O.	용 도	부동산 고유번호	구분	종류	부동산 소재지번	관할 등기소	주민 등록 번호	통수	수 수 료	처리
1	열 람	2501-20 20-0229 35	집합 건물	현행 말소사 항포함(전 부)	서울특별시 양천구	서울남 부지방 법원 등기국	미공개	1 통	700 원	🗑

+총 1통　　　700원　▶결제

총 1건　　　　　　　　　　　　　　1 (1/1)

결제방법

◉ 신용카드결제　○ 금융기관 계좌이체　○ 선불전자지급수단　○ 휴대폰 결제　○ 간편결제 등

▶ 신용카드 결제

■ 서비스 이용방법
- 카드종류를 선택하신 후
  1. 일반결제(ISP) 카드의 경우 ISP인증서를 선택하신 후 ISP비밀번호를 입력하여 인증
  2. 그외 카드의 경우 해당 카드사에서 제공하는 결제방법(앱, 간편결제 등)을 선택하신 후 관련 정보를 입력하여 인증
     기발급된 구)LG카드를 소지하신 고객께서는 신한카드를 선택하시고, 구)외환카드 또는 구)하나SK카드를 소지하신 고객 께서는 하나카드를 선택하셔야 합니다.

■ 사용이 불가능한 카드
- 해외에서 발행한 카드

■ 결제 신용카드 입력정보

총 결제 금액	700 원 (열람 700 원)	총 결제 통수	1 통 (열람 1 통)
카드종류	▓▓▓▓ 카드 종류를 선택하여 주십시오 ▓▓▓▓ ✔		

- 결제정보는 대법원 인터넷등기소 시스템에 저장되어 결제취소 및 수수료결제내역 조회 시 이용되며 재판 및 수사를 위한 자료로도 활용될 수 있습니다.
- 해당 정보는 영구적으로 보관되며 수집 및 이용에 동의하지 않을 경우 열람·발급 서비스를 이용할 수 없습니다.
- ☐ **위 내용에 동의합니다.**

- 수수료 결제와 관련하여 결제대행업체의 별도 약관이 존재합니다.
- ☐ **약관 동의**　📖 전자지급결제대행서비스 이용 약관 **[바로가기]**
- ☐ **약관 동의**　📖 개인정보 수집 및 이용 약관 **[바로가기]**
- ☐ **약관 동의**　📖 개인정보 제3자 제공 및 위탁 약관 **[바로가기]**
- ☐ **전체 동의**

결제　○ 이전

등기부등본 열람에는 700원, 발급에는 1,400원이 필요하지만, 금융기관 등에 제출할 것이 아니기에 열람으로 충분하다. 신용카드부터 계좌이체, 선불지급수단, 휴대폰결제 등 네 가지 결제 방법 중에서 원하는 방법으로 결제를 진행하자.

TIP

등기부등본을 자주 열람한다면 네이버 페이에 카드를 등록해두자. 간편 비밀번호 6자리만 입력하면 쉽고 빠르게 결제와 열람을 진행할 수 있다.

등기부등본 검색 과정 ④

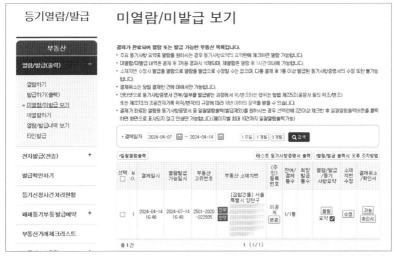

출처: 인터넷등기소

결제 후 등기열람/발급에서 내가 신청한 등기부등본을 확인하자. 여기서 요약을 선택하면 등기부등본의 마지막 장에 정보가 요약 제공되어 편리하다.

등기부등본 출력, 저장 방법

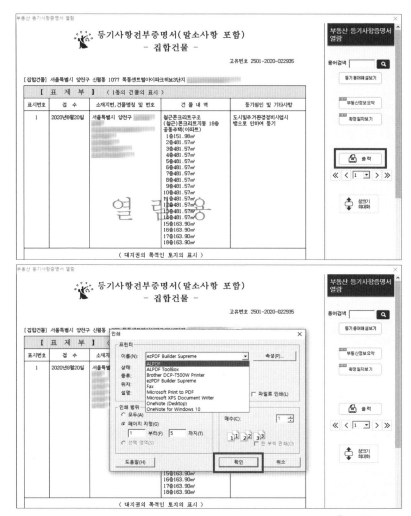

출처: 인터넷등기소

첫 번째 그림은 프린터로 등기부등본을 출력하는 방법이고, 두 번째 그림은 PDF로 저장하는 방법의 예시다. 둘 다 출력으로 들어가지만, PDF는 프린터 이름 선택에서 PDF를 선택 후 확인을 누르면 원하는 곳

부동산 대출 수업

에 해당 등기부등본 PDF 파일을 저장할 수 있다. 각자 선호하는 방식으로 등본을 확인하자.

이것으로 대법원 인터넷등기소에서 등기부등본 열람과 인쇄, PDF 저장까지 모두 배웠다. 실제로 한두 번만 해보면 더욱 쉽게 원하는 주소의 부동산 등기부등본을 떼어서 확인할 수 있을 것이다.

내 돈을 좌우하는 등기부등본 제대로 읽기

이제 앞에서 저장했거나 출력했을 등기부등본을 파악하기 전에, 잠시 그 중요성을 상기해보자. 등기부등본은 해당 부동산의 소재지, 면적, 소유자, 대출 현황, 특이사항 등의 실제 사실관계와 권리관계가 기재된 공적 장부이다.

공적 장부라는 무게감 때문에 공신력이 있고 정확한 정보를 얻을 수 있지만, 그만큼 복잡한 구성과 불친절한 용어로 가득 차 있다. 이제 등기부등본의 3가지 항목 표제부, 갑구, 을구 각각의 내용을 파악하고, 그중 반드시 확인해야 할 부분도 알아보자.

1. 표제부 : 부동산의 뼈대

표제부에서는 부동산의 기본적인 사항들을 확인할 수 있으며, 이는 부동산의 '얼굴'과도 같다. 표제부에는 건물의 표시로 해당 부동산의 지번과 면적, 소재지, 용도, 구조 등의 내용이 들어있다. 표제부를 볼 때는 반드시 등기부등본의 지번, 동, 호수가 내가 확인하려는 부동산의 내용과 같은지 확인하자.

표제부 예시

 등기사항전부증명서(말소사항 포함)
- 건물 -

고유번호 1111-1996-204858

[건물] 서울특별시 성동구

| 【 표 제 부 】 | （건물의 표시） | | | |

표시번호	접 수	소재지번 및 건물번호	건 물 내 역	등기원인 및 기타사항
1 (전 2)	1991년3월30일	서울특별시 성동구	철근콘크리트조 및 콘크리트 슬래브 철근콘크리트 벽돌조 평 스라브3층 목욕탕 및 근린 생활시설 및 주택 1층 138.60㎡ 2층 138.60㎡ 3층 106.92㎡ 지층 160.20㎡ 지층중 48.60㎡ 보일라실 111.60㎡ 근린생활시설 1,2층 목욕탕 3층 공숙분은 벽돌조 주택	도면편철장 제3책제1124장
				부동산등기법 제177조의 6 제1항의 규정에 의하여 1999년 08월 27일 전산이기
2	2006년1월6일	서울특별시 성동구	철근콘크리트조 및 콘크리트슬래브 철근콘크리트 벽돌조 평스라브3층 근린생활시설 및 주택 및 공교감회장 1층 138.60㎡ 2층 138.60㎡ 3층 106.92㎡ 지층 160.20㎡ 지층중 48.60㎡ 보일라실 111.60㎡ 근린생활시설 1,2층 공교감회장 3층 공숙분은 벽돌조 주택	용도변경

2. 갑구: 소유권에 대한 사항

갑구에는 주택 소유자와 취득날짜, 거래가 등이 모두 나와 있다.

갑구 예시

【 갑 구 】	(소유권에 관한 사항)			
순위번호	등 기 목 적	접 수	등 기 원 인	권리자 및 기타사항
1 (전 15)	소유권이전	1999년6월30일 제47809호	1999년6월12일 매매	공유자 지분 2분의 1 ***** 서울 관악구 ▨▨▨ 지분 2분의 1 -******* 서울 관악구 ▨▨▨
				부동산등기법 제177조의 6 제1항의 규정에 의하여 1999년 08월 27일 전산이기
2	공유자전원지분전부 이전	2001년4월3일 제21248호	2001년3월2일 매매	소유자 ▨▨▨ *****
2-1	2번등기명의인표시 변경		2004년2월26일 전거	▨▨▨ 의 주소 서울 서초구 ▨▨▨ 2005년5월11일 부기
3	소유권이전	2005년5월11일 제30422호	2006년5월3일 매매	소유자 ▨▨▨ 서울 동대문구 ▨▨▨

여기서는 소유권의 이전과 관련된 사항, 즉 누가 언제 어떤 조건으로 부동산을 취득했는지에 대한 정보가 적혀있다. 또한, 소유권에 영향을 미치는 압류, 가압류, 가처분 등의 사항을 확인할 수 있다. 내가 거래해야 할 부동산의 안정성을 확인하기 위한 핵심이다.

예시에서 강조한 구역의 가장 밑에서 부동산의 최종소유자가 누구인지 반드시 알아두자. 최근에 뜨거운 논란이 된 전세 사기 사건도 그렇고, 당연히 실제 부동산 소유자와 거래해야 하기 때문이다.

가압류 취소 예시

순위번호	등 기 목 적	접 수	등 기 원 인	권리자 및 기타사항
				의하여 2000년 01월 21일 전산이기
1-1	1번등기명의인표시 변경		2006년4월28일 전거	
2	소유권이전	2006년5월4일 제33488호	2006년4월15일 매매	
3	~~압류~~	~~2006년10월9일 제76882호~~	~~2006년10월9일 압류(세무-2294 5)~~	~~권리자 시흥시~~
4	3번압류등기말소	2007년2월7일 제12129호	2007년2월6일 해제	
5	소유권이전	2016년8월16일 제51570호	2016년6월24일 매매	
6	소유권이전	2022년4월28일 제27270호	2022년3월6일 매매	

[집합건물] 경기도 시흥시 정왕동 1875-2 미주아파트

또한 가압류나 가처분, 가등기 등 특이사항이 있는지도 반드시 확인하자. 이런 특이사항이 있다면 문제가 있는 부동산이라는 피할 수 없는 증거다. 하지만 위의 예시처럼 삭선(붉은색 취소선)이 그어져 있다면 현재는 해당 사항이 말소된 것이니 안심해도 좋다.

TIP

갑구에 이런 단어가 있다면 주의하자.

① 가등기: 법적으로 집이 다른 사람에게 넘어갈 예정이라는 의미이다. 소유권 이전 문제를 정확하게 확인하고, 되도록 직거래를 피하는 것이 좋다.

② 신탁: 집 주인이 형식적인 부동산 소유권을 신탁회사에 넘긴 후 대출을 받은 것이다. 신탁회사의 동의 없이 계약했다가 집이 경매나 공매로 넘어

가면, 보증금 후순위가 될 수 있다.

③ 압류 & 가압류: 집주인이 갚아야 할 돈을 갚지 않아 임차인이나 법인이 돈 대신 부동산으로 돌려받겠다고 신청하면 등기부등본에 '압류' 또는 '가압류'가 표기된다. 그만큼 집주인이 경제적으로 어려운 상황이라는 방증이며 보증금을 돌려받기 어려울 수 있다.

④ 경매개시결정: 집주인의 파산 등으로 결국 경매가 진행되고 있다는 뜻이다.

3. 을구: 소유권 이외의 권리 사항

을구 예시

【 을 구 】 (소유권 이외의 권리에 관한 사항)				
순위번호	등 기 목 적	접 수	등 기 원 인	권리자 및 기타사항
1	근저당권설정	2008년6월26일 제31430호	2008년6월23일 추가설정계약	채권최고액 금360,000,000원 채무자 서울시 관악구 봉천동 근저당권자 주식회사 공동담보 토지 서울특별시 관악구 봉천동 의 담보물에 추가
2	1번근저당권설정등 기말소	2018년9월21일 제175857호	2018년9월21일 해지	
3	주택임차권	2024년3월18일 제46655호	2024년3월13일 서울중앙지방법원의 임차권등기명령 (2024)	임차보증금 금130,000,000원 범 위 건물 2층 93.13㎡ 중 20㎡ (문패상 304호) 별지도면표시 ㄱ,ㄴ,ㄷ,ㄹ,ㄱ의 각 점을 순차로 연결한 선내(가) 부분 임대차계약일자 2021년11월17일 주민등록일자 2021년12월27일 점유개시일자 2021년12월25일 확정일자 2021년11월17일 임차권자 도면 제2024-388호

마지막으로 을구 부분에서는 부동산과 관련된 채권 및 채무 관계를 확인할 수 있다. 주로 해당 부동산을 담보로 한 대출 정보가 이 부분

에 기록된다. 이는 소유자의 재정 상황을 파악할 수 있는 중요한 지표로, 과도한 대출이 있는 부동산은 향후 경매나 공매의 위험이 있으므로 주의가 필요하다. '임차권등기명령'이 좋은 예시가 될 수 있다. 이는 앞서 집을 빌린 세입자가 집주인에게 보증금을 돌려받지 못했다는 것을 의미한다. 이런 기록이 많을수록 사실 관계를 명확하게 파악하는 것이 중요하다.

바꿔 말하면 을구에 기록이 없는 부동산은 채무가 없는 좋은 조건의 부동산이라는 것이다. 이 부분을 잘 파악하면 얼마나(채권최고액), 누가(채무자), 어디서(근저당권자) 대출을 받았는지 쉽게 알아볼 수 있다. 요점은 채권최고액이 무리하게 높은 부동산을 피하는 것이다.

거래 속 함정을 피하는 건축물대장의 정석

건축물을 거래할 때 등기부등본도 중요하지만, 건축물대장을 확인하는 것도 필수다. 이는 부동산의 가치를 정확히 평가하고 거래 과정에서 발생하는 많은 문제를 사전에 피할 수 있도록 돕는다. 특히 빌라나 다세대, 다가구, 도시형생활주택 등을 거래한다면 건축물대장이 특이한 경우가 많다. 위반건축물인 줄 모르고 매매계약 등을 진행하다 대출을 거부당하기 전 반드시 건축물대장을 확인하자.

건축물대장은 〈정부24〉나 〈세움터〉를 통해 무료로 열람할 수 있다. 하지만 〈정부24〉에서는 한 번에 한 건만 확인할 수 있어 여러 매물을 비교하기는 불편하다. 이럴 때는 〈세움터〉에서 최대 세 건을 동시에 확인하며 빠르게 비교해보자. 또 〈세움터〉는 주기적으로 자료를 갱신하기 때문에 언제나 최선의 정보를 얻을 수 있다.

먼저 〈세움터〉 사이트에 접속하여 스크롤을 내려 '건축물대장발급 및 건축물현황도 발급'을 찾자. 이때 세움터 회원이면 바로 건축물대장을 확인할 수 있으며, 비회원이라면 개인정보 제공에 동의한 후 열람할 수 있다.

건축물대장 검색 과정 ①

출처: 세움터

그다음은 검색창에 열람하고 싶은 건물의 지번을 입력하자. 시스템이 자동으로 관련 주소 리스트를 제시하며, 여기서 해당 건물의 정확한 지번을 선택하면 된다.

건축물대장 검색 과정 ②

출처: 세움터

마지막으로 내가 알고 싶은 건물의 유형을 정확하게 선택하자. 단독주택이나 다가구주택, 상가주택이라면 '일반 건축물대장'을, 아파트나 연립·다세대주택이나 상가주택은 집합 건축물대장을 선택해야 한다. 그리고 전유부에서 찾고 싶은 세대를 지정해 내가 알고 싶은 곳의 건축물대장을 찾자. 모든 내용을 정확하게 선택했다면 '신청하기' 버튼을 누르자.

건축물대장 검색 과정 ③

접수일	처리일	대장서식	건축물 위치	처리상태
2021-06-23	2021-06-23	일반건축물	서울특별시 중구 필동2가 뭐뭐 동명칭 없음	발급

출처: 세움터

신청까지 성공적으로 마치면 건축물대장 신청내역을 확인할 수 있다. 여기에서 원하는 건축물을 선택해 그 건물의 건축물대장 속 상세한 정보를 알아보자.

건축물대장 바로 읽기

건축물대장은 일반적인 건축물 현황부터 소유자의 현황까지 건축물에 대한 모든 사항이 정리되어 있지만, 대출을 위해서는 크기와 소유자, 이력의 변동사항만 확인해도 무방하다. 일반적인 건축물이라면 2장 정도 분량이지만 표시해야 할 내용이 많다면 3장 이상 나올 수도 있다.

건축물대장의 예시

■ 건축물대장의 기재 및 관리 등에 관한 규칙 [별지 제1호서식]

고유번호	1114014700-1-01480002				명칭				호수/가구수/세대수 0호/1가구수/0세대
대지위치	서울특별시 중구 쌍림동		지번		도로명주소	서울특별시 중구 퇴계로			

구분	성명 또는 명칭	면허(등록)번호	※주차장				승강기		허가일
건축주			구분	옥내	옥외	인근	면제	승용 대 / 비상용 대	착공일
설계자								※하수처리시설	사용승인일 1949.12.10
공사감리자			자주식 대/㎡	대/㎡	대/㎡		형식		관련 주소
공사시공자 (현장관리인)			기계식 대/㎡	대/㎡	대/㎡		용량	인증	지번

※제로에너지건축물 인증	※건축물 에너지효율등급 인증	※에너지성능지표(EPI)점수	※녹색건축 인증	※지능형건축물 인증
등급	등급	점	등급	등급
에너지자립률 %	1차에너지 소요량 (또는 에너지절감률) kWh/㎡(%)	※에너지소비총량 kWh/㎡	인증점수 점	인증점수 점
유효기간 . . ~ . .	유효기간 . . ~ . .	유효기간 . . ~ . .	유효기간 . . ~ . .	도로명

내진설계 적용 여부	내진능력	특수구조 건축물	특수구조 건축물 유형		
지하수위 G.L m	기초형식	설계지내력(지내력기초인 경우) t/㎡	구조설계 해석법		

변동사항				
변동일	변동내용 및 원인	변동일	변동내용 및 원인	그 밖의 기재사항
2002.02.06	내역 쌍림동148-3.2호에서 토지합병으로쌍림동148-2로토지번 변경 - 이하여백 -			주택58554-1971(2002.6.3) 호외관련 위반건축물(무단가옥)표기,도관 58554-4501(2003.10.07) 호외의/거래계

하지만 대출에 있어서 특히 주의를 기울여야 하는 것은 위반건축물 여부다. 건축물대장의 우측 상단에 노란색으로 표기되며 따로 표기할 정도로 중요한 내용이며, 대출을 진행할 때 금융기관이 승인을 거부하는 가장 강력한 요인이 된다. 위반건축물이 된 이유는 변동사항 항목에서 확인할 수 있다.

위반건축물의 건축물대장 예시

■ 건축물대장의 기재 및 관리 등에 관한 규칙 [별지 제1호서식] <개정 2018. 12. 4.>

일반건축물대장(갑) 위반건축물

고유번호	1114013800-1-00480002					호수/가구수/세대수 0호/1가구수/0세대
대지위치	서울특별시 중구 필동2가		지번	필지	도로명주소	서울특별시 중구 퇴계로44길
※대지면적 ㎡	연면적 82.65 ㎡		※지역		※지구 제1종일반주거지역	※구역
건축면적 ㎡	용적률 산정용 연면적 ㎡		※주구조		주용도 근린생활시설	층수 지하: 층/지상: 2층

내진설계 적용 여부	내진능력	특수구조 건축물	특수구조 건축물 유형		
지하수위 G.L m	기초형식	설계지내력(지내력기초인 경우) t/㎡	구조설계 해석법		

변동사항				
변동일	변동내용 및 원인	변동일	변동내용 및 원인	그 밖의 기재사항
2017.11.03	위반건축물표기.1995년 준축(1동2층).12㎡/판넬/판넬.근린생활시설[주택28-39793](2017.11.03.)] - 이하여백 -			- 이하여백 -

부동산 대출 수업

또한, 건축물대장을 확인하는 이유는 아파트나 다세대로 알고 있었던 부동산이 건축물대장에는 도시형생활주택일 때가 있어서다. 대출을 받을 때는 실제 건축물대장을 기준으로 부동산의 종류와 용도가 결정되며, 금융회사의 판단 근거가 되기에 반드시 확인해두자.

만약, 건축물대장에 내 부동산이 일반 아파트가 아니라면 탁상감정을 진행해야 한다. 금융기관과 부동산의 종류에 따라서 감정평가사의 기준이 다를 수 있어 대출을 진행하기 전 나의 실제 건축물대장을 확인하고 정확한 종류와 용도를 파악하는 것이 중요하다.

부동산 대출은 인생에서 정말 중요한, 큰 금액을 빌리는 금융거래이다. 그만큼 사소한 것 하나하나까지 챙겨야 한다는 부담감도 크다. 이 장을 꼼꼼히 보고 등기부등본과 건축물대장을 스스로 보고 해석하는 능력을 길러 부동산의 권리관계를 빠르게 파악해보자. 그 능력을 바탕으로 앞으로 겪을 많은 거래에서 부담감을 덜 금융 체력을 얻길 바란다.

내 집의 주인은 누구일까, 복잡한 소유권 완전 정복

생애 처음으로 집을 구매하는 사람이나, 살고 있던 집을 떠나 더 좋은 곳으로 옮겨 가는 이들 대부분은 대출을 통해 자금을 마련한다. 하지만 어떤 방식이 좋은지 알아보는 사람은 많아도 대출에서 사용하는 용어와 구조를 공부하는 사람은 드물다. 용어와 구조를 확실하게 알아야 내가 상정하지 못한 상황에 놓였을 때 침착하게 빠져나갈 수 있다. 이번 장에서는 대출에서 자주 사용하는 용어와 가장 흔하게 마주하는 상황을 설명하려 한다.

대출을 실행하면서 많이 사용하는 용어 중 하나는 '차주'다. 즉 돈이나 물건을 빌려 쓴 사람이라는 뜻이다. 빌리는 대상에 따라 '차가인(집을 빌린 경우)'이나 '차지인(땅을 빌린 경우)'으로 표현하기도 하지만, 주로 사용하는 것은 차주다. 대출에서는 대출받는 당사자를 말한다. 이제 책을 읽는 독자가 차주의 상황에 가장 많이 놓이는 단독소유 상황과 부부의 공동소유 담보대출 상황을 알아보자.

단독소유 담보대출

등기부등본 단독소유 예시

주요 등기사항 요약 (참고용)

[주 의 사 항]

본 주요 등기사항 요약은 증명서상에 말소되지 않은 사항을 간략히 요약한 것으로 증명서로서의 기능을 제공하지 않습니다.
실제 권리사항 파악을 위해서는 발급된 증명서를 필히 확인하시기 바랍니다.

고유번호 1601-2005-014017

[집합건물] 대전광역시 유성구 ▓▓▓▓▓▓▓▓

1. 소유지분현황 (갑구)

등기명의인	(주민)등록번호	최종지분	주 소	순위번호
▓▓▓▓▓	▓▓▓▓▓	단독소유	대전광역시 서구 ▓▓▓	4

2. 소유지분을 제외한 소유권에 관한 사항 (갑구)
 - 기록사항 없음

3. (근)저당권 및 전세권 등 (을구)
 - 기록사항 없음

[참 고 사 항]
 가. 등기기록에서 유효한 지분을 가진 소유자 혹은 공유자 현황을 가나다 순으로 표시합니다.
 나. 최종지분은 등기명의인이 가진 최종지분이며, 2개 이상의 순위번호에 지분을 가진 경우 그 지분을 합산하였습니다.
 다. 지분이 통분되어 공시된 경우는 전체의 지분을 통분하여 공시한 것입니다.
 라. 대상소유자가 명확하지 않은 경우 '확인불가'로 표시될 수 있습니다. 정확한 권리사항은 등기사항증명서를 확인하시기
     바랍니다.

앞에서 본 것처럼 해당 물건지의 소유자는 등기부등본의 갑구를 통해 파악할 수 있다. 최종지분란에 단독소유로 표기되면 가장 깔끔하고 쉽게 대출을 받을 수 있다. 단독소유자가 직접 차주가 되어 자신의 담보 재산으로 대출받기 때문이다. 반면에 공동담보는 조금 더 복잡하다.

공동소유 담보대출

등기부등본 단독소유 예시

주요 등기사항 요약 (참고용)

[주 의 사 항]

본 주요 등기사항 요약은 증명서상에 말소되지 않은 사항을 간략히 요약한 것으로 증명서로서의 기능을 제공하지 않습니다.
실제 권리사항 파악을 위해서는 발급된 증명서를 필히 확인하시기 바랍니다.

고유번호 2642-2004-000101

[집합건물] 서울특별시 중랑구 묵동 386 금호어울림아파트

1. 소유지분현황 (갑구)

등기명의인	(주민)등록번호	최종지분	주　　　　소	순위번호
(공유자)	-*******	2분의 1		7
(공유자)	-*******	2분의 1		7

2. 소유지분을 제외한 소유권에 관한 사항 (갑구)
　- 기록사항 없음

일반적인 부부의 경우 2분의 1씩 최종지분이 나뉘어 있다. 이럴 때는 공동소유 담보대출로 이행하게 된다. 담보소유자가 2명 이상이기 때문에 주택담보대출을 진행할 때 공동명의자 2명 모두의 동의 및 자필 서명이 필요하다.

한 발짝 더 나아가 단독소유와 공동소유에서 벌어질 수 있는 복잡한 경우를 살짝 알아보자. 우선 단독소유는 개인 단독소유자와 대출받는 차주가 다른 경우이다. 보통 부모님이 소유한 아파트를 자녀를 위해서 담보로 제공해줄 때 발생한다. 공동소유에서는 부부 공동담보가 있을 때, 부부 중 한 명이 차주가 되어 대출을 진행하는 경우가 대표적이다.

위 두 경우 모두 2명 이상의 대출 관련 인물이 등장하는데, 여기서 용어를 잘 알고 있다면 바로 이해할 수 있는 팁이 있다. 바로 두 사람

　　　　　　　　　　　　　　　　　　　　　부동산 대출 수업

중에 소득이 높고 신용점수가 높은 사람이 차주가 되는 것이다. 부동산과 대출의 용어를 알아볼 때 차주는 대출을 받는 당사자라고 말했다. 따라서, 금리와 한도 또한 차주를 기준으로 삼는다. 소득과 신용점수가 높은 사람이 차주가 되면 그만큼 높은 한도와 좋은 금리를 받을 수 있다.

공동소유는 과정과 구조가 복잡한 만큼 추가로 설명하고 싶은 예도 있다. 바로 부부 중 한 사람의 소득이 너무 적어 대출이 어려울 때다. 이때 담보대출이 없다면 두 사람의 소득을 합한 합산소득을 이용해 대출을 신청할 수 있다.

다만 여러 가지 제약도 있다. 대출 실행에 앞두고 자필 서류를 작성할 때 담보제공자와 차주 두 명이 모두 참석해야 하며, 차주의 신용정보와 기존 대출 정보를 담보제공자에게 제공해야 한다. 이런 복잡한 과정을 필수적으로 거쳐야만 대출이 실행된다. 왜냐하면, 담보를 제공해주는 담보제공자가 조금 더 불리한 입장이기 때문이다. 돈을 빌리는 차주의 정보를 담보제공자에게 제공함으로 이러한 불리함을 줄여주는 것이다.

복잡해 보이지만, 정리하자면 담보를 가진 사람이 담보제공자가 되고, 돈을 빌리는 사람이 차주가 되어 대출이 진행된다고 생각하면 된다.

대출한도의 문턱,
대출의 선후 관계 알아보기

　많은 분이 대출 과정에서 궁금해한 용어와 개념은 그 밖에도 수두룩하다. 이번에 알아볼 용어는 바로 선순위대출과 후순위대출이다. 대출에 순위가 있다니 생소하게 느껴지기도 하고, 의미를 파악하기 힘든 부분이 있어서 많이들 어려워한다. 하지만 생각하는 것처럼 어렵지 않고, 규칙을 알면 쉽게 이해할 수 있다.

　가장 많이 다루게 될 아파트 담보대출을 예시로 알아보자. 자세한 내용을 말하기 전, 은행에 담보로 맡길 내 집이 어떤 상황인지 설정할 필요가 있다. 여기서도 가장 일반적인 사례를 설정하겠다. 처음으로 10억 원이라는 고액의 아파트를 살 때, 대출 없이 거래를 마치는 경우는 거의 없을 것이다. 따라서 자신의 주거래은행이나 가장 좋은 대출상품을 취급하는 은행을 통해 60% 정도 대출받아서 산다고 가정하자. 10억 원의 아파트를 매매했을 때 대출원금 6억 원, 자기자본 4억 원이 들어갔을 것이다. 이때 등기부등본에는 채권최고액이 기록된다.

근저당권으로 담보되는 채권은 현재 또는 장래에 발생할 채권으로 일정한 금액을 한도로 설정되며 이를 채권최고액이라고 한다. 조금 더 쉽게 설명하면, 은행에서는 6억 원을 빌려주고 그 금액보다 높게 채권최고액을 정해둔다. 일반적으로는 120%를 설정하는 경우가 많다. 원금 6억 원의 대출이 실행되었다면, 채권최고액은 120%인 7억 2,000만 원을 잡아두는 것이다.

하지만 내가 실제로 이 채권채무액을 모두 갚아야 하는 것은 아니다. 6억 원을 빌려준 은행이 채무자가 이자를 연체하거나 채무액을 갚지 못하는 경우를 대비해 120%로 설정한 것뿐이다. 이런 상황이 실제 등기부등본에는 어떻게 표시되는지 알아보자.

등기부등본상 채권최고액 예시

【 을 구 】	(소유권 이외의 권리에 관한 사항)			
순위번호	등 기 목 적	접 수	등 기 원 인	권리자 및 기타사항
1	근저당권설정	2022년 1월 20일 제7262호	2021년 12월 17일 설정계약	채권최고액 금720,000,000원 ✓ 채무자 　　　　경상남도 김해시 근저당권자 　　　　경기도 부천시

이제 앞에서 설명한 채권최고액이 적힌 주택을 담보로 은행에 대출을 문의했다고 가정하자. 시세 10억 원의 아파트에 6억 원의 대출원금과 7억 2,000만 원의 채권최고액이 잡힌 상태다. 기존 대출 6억 원을 시세 10억 원으로 나누면 이 주택의 LTV는 60%라고 볼 수 있다. 여기서 만약 LTV가 80% 한도(8억 원)라면, 추가로 얼마를 대출받을 수 있을까?

우리는 이 예시를 통해 선순위대출과 후순위대출의 차이를 정확하게 알 수 있다. 선순위 대출은 LTV 한도 80%에서 대출원금 6억 원을 제외한 잔여 한도를 대출받을 수 있다. 반면 후순위 대출은 LTV 한도 80%에서 채권최고액인 7억2,000만 원을 제외한 잔여 한도를 대출받게 된다. 따라서 선순위대출은 2억 원을, 후순위대출은 8,000만 원을 추가로 대출받을 수 있다.

선순위대출과 후순위대출의 차이

	선순위대출	후순위대출
LTV 80% 계산(A)	8억 원	8억 원
대출원금·채권최고액(B)	6억 원(대출원금)	7억2,000만 원(채권최고액)
대출가능액(A)-(B)	2억 원	8,000만 원

그렇다면 이렇게 한도가 부족할 때 어떻게 한도를 늘릴 수 있을까? 정답은 바로 '감액등기'다. 보통 부동산을 처음 구매할 때 받은 매매잔금대출이 등기부등본상 선순위대출로 지정되어 있을 것이다. 그리고 이런 대출상품은 원리금균등상환 방식에 30년~40년의 만기로 설정하는 것이 일반적이다.

하지만 중요한 것은 시간이 흘러 이 대출의 원금을 얼마간 갚았더라도, 등기부등본에는 이런 사실이 반영되지 않는다는 점이다. 이때 감액등기로 내가 얼마큼 원금을 갚았다는 것을 입증해 새로운 채권최고액을 설정하는 것이다. 내가 갚아나간 원리금 덕분에 후순위대출의 한도가 늘어나 더 많은 대출한도를 얻을 수 있다.

나라가 보증해주는 내 임대료, 최우선변제와 보증보험

잊을 만하면 각종 뉴스에 떠오르는 전세 관련 문제로 세입자의 권리에 관한 관심이 높아졌다. 자연스럽게 임대차 보호법으로 세입자의 권리가 보호받는 것과 전셋집으로 전입신고를 하고 확정일자를 받으면 내 권리를 보호받을 수 있다는 것도 널리 알려졌다. 거주 지역에 따라 보호받는 범위와 기준이 조금씩은 다르지만, 내 권리를 지키는 최우선변제권과 보증보험을 알아보자.

만약 내가 월세나 전세로 살던 주택이 경매에 넘어갔다면 일부 조건에 따라 다른 채권자들보다 먼저 변제받을 수 있다. 물론 이런 대항력을 가지려면 몇 가지 조건이 있다. 임대차계약 후 전셋집에 전입신고를 해 주민등록상의 거주지 주소를 옮겨야 한다. 그렇게 주소를 이전하면 확정일자를 받게 되고, 확정일자를 받은 다음 날 자정부터 대항력이 생긴다.

하지만 여기서 조심해야 할 점은 지역별로 임대차보증금의 한도가 정해져 있다는 것이다. 아래에 표시한 금액보다 큰 금액으로 임대차계약을 한다면 최우선변제를 받을 수 없으니 주의하자.

지역별 소액임차보증금 한도

지역 구분	최우선변제 대상 임차인의 보증금 한도		최우선변제금액	
	현행	개정안	현행	개정안
서울특별시	1억5,000만 원 이하	1억6,500만 원 이하	5,000만 원 이하	5,500만 원 이하
과밀억제권역, 용인·화성·세종·김포	1억3,000만 원 이하	1억4,500만 원 이하	4,300만 원 이하	4,800만 원 이하
광역시, 안산·광주·파주·이천·평택	7,000만 원 이하	8,500만 원 이하	2,300만 원 이하	2,800만 원 이하
비규제지역	6,000만 원 이하	7,500만 원 이하	2,000만 원 이하	2,500만 원 이하

만약 내가 서울에서 1억3,000만 원의 전세보증금을 주고 살고 있다고 가정해보자. 위에서 설명한 것처럼 전입신고도 마쳐서 대항력도 가지고 있다. 또 서울의 임차보증금 한도인 1억6,000만 원보다 적은 전세보증금으로 살고 있으니, 소액임차인의 자격은 확실하다.

하지만 집주인의 경제 사정 악화로 집이 경매나 공매로 넘어가 팔리고 말았다. 채무자들이 그 금액을 나눠야 하지만, 나는 최우선변제권을 가지고 있어 다른 채무자들보다 먼저 5,500만 원을 받게 된다. 그러면 이런 소액임차보증금, 최우선변제권, 최우선변제금 같은 것이 주택담보대출과 무슨 관계가 있어서 우리가 알아야 할까?

누군가 먼저 파이를 잘라가면, 반드시 손해를 보는 사람이 생기기 때문이다.

여기서 손해를 보는 사람은 바로 은행이다. 임차인이 최우선변제권으로 돈을 가져가는 만큼 가장 큰돈을 빌려줬을 은행은 손해를 입게 된다. 이런 상황에 대비해 금융기관도 자신들의 몫이 아닌 최우선변제금을 대출금에서 '미리' 제외하고 대출을 승인한다. 소액임차보증금 제도가 부동산의 담보가치에 영향을 미치는 것이다.

그만큼 금융기관은 자신들의 손해에 민감해서 방의 개수도 깐깐하게 따져올 것이다. 10억 원 가치의 아무런 대출이 없는 서울 소재 방 3개짜리 집으로 LTV 50% 대출을 받는다고 생각해보자. 어떤 대출상품은 모든 방의 개수만큼 소액임차보증금을 제외하고 대출해주고, 다른 대출상품은 소액임차보증금만큼만 제외하고 대출해주기도 한다. 이것을 '방공제'라고 부른다.

방마다 방공제했을 때 대출한도는 10억 원의 50%인 5억 원에서 5,500만 원씩 줄어들어 3억3,500만 원이 된다. 한 번만 방공제를 하면 5억 원에서 5,500만 원만 제외해 4억4,500만 원의 한도를 가질 것이다. 즉, 방공제는 세입자의 보증금을 보호해주는 제도이자, 임차인의 대출한도를 줄이는 양면성을 가지고 있다. 다만, 주택이나 준주택은 방공제 대상이지만, 아파트는 방공제 대상이 아니라는 것을 주의하자.

그렇다면 자신이 주택이나 준주택을 담보로 주택담보대출을 받을 때, 방공제를 피할 방법이 있을까? 답은 다른 대출제도 속에 있다. 보증기관에 보증보험을 든다면 방공제를 피해 최대한도까지 대출받을 수 있다.

MCI·MCG 보증보험이란?

MCI(모기지신용보험)는 보증서발급기관인 서울보증보험에 가입하고 주택담보대출 시 차감되는 방공제 금액만큼 대출한도를 높이는 제도다. 임대인이 임차인의 보증금을 보증해주는 방법으로 1인당 2건을 이용할 수 있으며, 채무자가 채무이행을 제대로 하지 않을 때 금융기관이 입을 손해를 보험사에서 보증한다. 이때 별도 비용은 발생하지 않는다.

MCG(모기지신용보증)도 MCI와 비슷한 역할이지만 조금 다르다. 주택금융공사의 보증으로 보증보험에 가입할 때 고객이 그 비용을 부담하기 때문이다. 또 MCI처럼 가구당 2건까지 이용할 수 있지만, 1억 원 이하의 한도가 정해져 있다.

> **TIP**
>
> MCI: 서울보증보험이 제공하며 비용은 은행이 부담
>
> MCG: 주택금융공사가 제공하며 비용은 고객이 부담

MCI와 MCG 모두 방공제를 없애 주택담보대출의 한도를 높인다는 점은 같다. 보증보험료만 차이가 있을 뿐이다. 하지만 1인, 1세대당 2건까지만 가입할 수 있다는 한계도 있다. 만약 자신이 이런 제도를 이용하려면 거래 전 확실하게 가입 여부를 확인하자.

소득이 없어도
대출받는 비밀

일반 주택담보대출을 진행할 때 가장 중요한 것은 바로 소득이다. 왜냐하면 일반 주택담보대출은 1교시 2장, '내 한도를 정하는 LTV, DTI, DSR'에서 말한 DTI, DSR을 반드시 확인하기 때문이다. 그리고 이 두 지표는 소득과 깊은 관련이 있다. 그렇다면 정확한 소득을 알 수 없더라도 대출을 받을 수 있을까? 예를 들어 주부, 무직자, 퇴사자처럼 무소득에 가깝거나, 프리랜서처럼 업무 형태에 따라 소득측정이 힘들 때 갑작스러운 전세금 인상이나 새집을 위해 목돈이 필요하다면? 앞에서 내 경우를 잠깐 꺼냈지만, 추정소득을 이용하면 최대 5,000만 원까지 일정 소득을 인정받을 수 있다.

추정소득을 계산할 때는 주로 연간 카드 사용액, 건강보험료 납부액, 국민연금 납부액을 이용한다. 이 중에서는 연간 카드 사용액을 주로 이용한다. 말 그대로, 1년 동안 사용한 카드 대금을 바탕으로 추정소득을 인정받는 것이다. 아래의 표를 살펴보자. 예를 들어 연 4,000만 원의 추정소득을 인정받으려면 1년에 1,900만 원 이상 카드를 사용해야 한다.

추정소득 계산에 필요한 서류

	필요서류	발급처
신용·체크카드	최근 1년간 사용 내역	〈홈택스〉, 〈손택스〉, 세무서 현장 방문
건강보험	3개월 치 납부 확인서	〈정부24〉 홈페이지·앱, 사회보험통합징수포털, 〈The건강보험〉 앱, 무인민원발급기
국민연금	3개월 치 납부 확인서	국민연금공단 전자민원서비스 홈페이지

건보료와 국민연금 납부액, 카드사용액에 따른 추정소득

건보료(3개월평균)	국민연금	연간 카드 사용액	소득인정액
31,096원	90,000원(최소치)	4,766,667원	1,000만 원. 국민연금은 1,133만 원
62,193원	약 16만 원	9,533,333원	2,000만 원
93,289원	약 24만 원	14,300,000원	3,000만 원
124,386원	약 32만 원	19,066,667원	4,000만 원
155,482원	약 40만 원	23,833,333원	5,000만 원

뒤집어 말하면, 1년에 1,900만 원 정도 카드를 사용하니 대략 4,000만 원 정도의 소득이 있다고 추정해서 인정해주는 것이다. 5,000만 원

이라는 추정소득의 최대한도를 받아내려면 연간 카드 사용액이 2,383만 원을 넘겨야 한다. 자신이 사용한 카드 대금의 2배~2.1배 정도가 대략적인 연 추정소득이라고 생각하면 편하다.

여기서 주의할 점은 1년에 1억 원이 넘는 금액을 사용하더라도 추정소득은 최대 5,000만 원까지만 인정받는다는 것이다. 또한, 실제로 결제를 마친 것이 아닌 현금서비스나 장기카드론 등 대출 원리금을 갚는 것을 카드 사용이라고 착각해선 안 된다. 정확한 금액은 국세청이 제공하는 〈홈택스〉의 연말정산 간소화 서비스를 통해 체크·신용카드의 사용 금액을 확인하는 것을 추천한다.

〈홈택스〉 연말정산 간소화 서비스

출처: 국세청

연말정산 간소화 서비스에 들어가서 근로소득자나 사업소득자 대상 소득세액공제자료 조회를 선택하자. 여러 가지 항목이 나오지만, 이 중에서 신용카드와 직불카드 금액을 누르시면 작년에 사용했던 1년 치 신용·직불카드 사용 금액을 확인할 수 있다. 하지만 최근 카드 사용이 급격히 늘어 지난해 1월~12월이 아닌 직전 12개월의 사용 금액이 더 높다면, 그 카드의 사용 금액으로 추정소득을 적용받을 수 있다.

다음은 건강보험료나 국민연금을 이용한 추정소득 계산이다. 이때는 주로 건강보험료를 이용해 추정소득을 인정받으며, 건강보험료와 국민연금 모두 최근 3개월의 평균 납부액을 기준으로 추정소득을 계산한다. 연간 카드 사용액과 마찬가지로 위의 표에서 자세한 금액을 확인할 수 있다. 연 추정소득을 4,000만 원으로 인정받기 위해서는 3달간 평균 12만4,386원을, 최대치인 5,000만 원으로 인정받기 위해서는 15만 5,000원 이상의 건강보험료를 납부해야 한다.

다만, 무직 상태에서 건강보험료로 추정소득을 인정받으려면 조금 까다로운 조건을 통과해야 한다. 건강보험자격득실확인서상 지역세대주여만 무직상태에서 건강보험료를 이용한 추정소득 계산이 가능하다. 대출을 받기전 〈국민건강보험공단〉(www.nhis.or.kr)에서 미리 확인해두자. 본인이 지역세대주일 때 납부한 건강보험료 3개월 치의 평균액을 이용해 추정소득을 인정받을 수 있다.

이런 추정소득을 이용해 성공적인 대출과 투자를 이룬 고객의 사례를 알아보자.

한 고객이 불규칙한 소득 때문에 전통적인 소득 증빙 방식으로는 충분한 대출한도를 얻기 어려운 상황이었다. 작년보다 수입은 늘었지만, 아직 소득신고가 반영되지 않아 공식적인 소득 증빙이 불가능했기 때문이다.

또 이 고객은 아파트를 거래해본 경험이 없었다. 비규제지역의 3억 원짜리 아파트를 매수할 때 최대한도 70%의 대출이 가능할 수 있다는 기본적인 대출에 대한 지식도 없었고, 이 정도의 아파트를 사려면 본인 자금이 적어도 1억 원 이상 필요하다고 생각하고 있었다.

하지만 긍정적인 것은 그동안 건강보험료를 월 15만 원 이상 꾸준히 내왔고, 연간 카드 사용액도 2,500만 원을 초과한다는 점이었다. 이 부분을 이용해 추정소득의 최대치인 5,000만 원을 인정받고 고객에게 필요한 잔금대출의 승인을 이뤄냈다.

만약 이 고객이 2,400만 원을 간신히 웃도는 인정소득을 올리고 있었다면, 추정소득을 이용할 수 없어 더 아쉬운 대출금을 받았을 것이다. 예를 들어 인정소득이 2,500만 원으로 소득금액증명원이 확정되었다면 건강보험료와 연간 카드 사용액이 높더라도 2,500만 원으로 소득이 확정되기 때문이다.

따라서 건강보험료와 연간 카드 사용액이 높아서 추정소득을 활용할 수 있다면 본인의 인정소득이 2,400만 원 미만인지를 미리 확인하자. 그리고 추정소득을 최대한 받을 수 있도록 조건을 맞춰두고 원하는 대로 이용하기를 바란다.

대출의 까다로운 조건,
언제나 돌파구가 있다

1교시 5장에서 짧게 설명한 부부합산소득과 추정소득으로 유리한 대출을 받은 또 다른 사례를 준비했다. 남편은 소규모 사업을 운영하고 아내의 연소득은 3,000만 원인 부부가 대출을 거부당하고 나를 찾아왔다. 코로나19로 인해 남편의 소득이 거의 없다시피 했지만, 아내의 인정소득 때문에 추정소득을 활용하기 어려운 상황이었다.

하지만 고무적인 것은 부부의 총소득이 작년보다 줄었더라도 사업상 필요한 경비 덕분에 신용카드를 이용한 지출이 많았다. 이런 장점을 살리기 위해 부부의 합산소득으로 추정소득을 계산하는 금융사 대신, 부부 중 한 명만 소득이 2,400만 원 미만이면 추정소득을 적용해주는 금융사를 찾아 소개하였다.

결과적으로 남편의 높은 카드 사용액을 이용해 실제 소득보다 높은 추정소득을 인정받을 수 있었다. 그리고 이 추정소득을 바탕으로 더 높은 대출한도를 얻어내 안정적으로 사업을 재정비하고 생활에 필요한 자금을 확보할 수 있었다.

이 사례는 금융기관의 특장점을 적극적으로 탐색하고 활용하면 나에게 불리한 대출 조건을 유리하게 개선할 수 있음을 보여준다. 특히 이런 식의 추정소득 적용은 소득 증빙이 어려운 사업자나 프리랜서 등에게 유용할 것이다. 금융기관별로 제공하는 특별 정책을 정확히 파악하고 이를 자신의 상황에 맞게 활용하는 것이 중요하다.

대출에 대한
오해와 진실

Q DSR·DTI는 어떻게 확인할 수 있나요?

A 기존 대출의 기한과 금리를 알고 있다면 〈부동산계산기〉 등 여러 유용한 앱을 통해 스스로 계산해 볼 수 있습니다.

Q 스트레스 DSR은 언제 적용되나요?

A 2024년 상반기에는 0.38%가 스트레스 금리로 더해져 비교적 온화한 축소율을 보이지만, 2024년 하반기에는 50%인 0.75%, 2025년부터는 100%인 1.5%로 순차적으로 확대 적용될 예정입니다. 미리 대출 계획을 세우고 내가 필요한 시점의 스트레스 DSR와 한도를 확인하는 것이 좋습니다.

Q 1층, 2층과 같은 아파트 저층은 무조건 KB시세의 하한가를 적용받나요?

A 일부 금융사에서는 1층, 2층과 같은 아파트 저층부도 KB의 일반가를 적용해줍니다. 이를 통해 더 많은 대출한도를 받아보실 수 있습니다.

Q 오피스텔에 투자하면 보유주택 수에 들어가나요?

A 대출에 있어서 오피스텔은 보유주택 수에 포함되지 않습니다.

Q 1억 원 미만의 부동산, 분양권, 입주권은 보유주택 수에 들어가나요?

A 1억 원 미만의 부동산이라도 대출받을 때 보유주택 수에 포함됩니다.

Q 연소득이 2,400만 원 이상이라도 추정소득을 인정받을 수 있나요?

A 추정소득은 연소득 2,400만 원 미만일 때만 사용할 수 있습니다.

Q 부부가 아니라 사실혼 관계여도 합산소득을 이용할 수 있나요?

A 합산소득은 가족관계증명상 부부일 때만 이용이 가능합니다.

Q 근로자 근로소득과 사업자 소득이 둘 다 있다면 둘을 더할 수 있나요?

A 현시점에 두 가지 소득을 모두 벌어들이고 있다면 소득금액증명원상의 소득합산이 가능합니다.

Q 근로, 사업소득 외에도 인정받을 수 있는 소득이 있나요?

A 연금소득, 임대소득 등도 일반소득처럼 인정받을 수 있습니다.

2교시

사회초년생이
알아야 할
전세대출의 정석

대출상담사,
믿어도 될까?

처음으로 자신의 명의와 수익으로 전세 계약을 진행하는 사회초년생은 모든 게 불안하다. 은행에 가서 대출 문의를 하는 것도 낯설고, 우선 살아야 할 지역의 공인중개사부터 찾아가곤 한다. 그곳에서 마음에 드는 매물을 찾아 계약을 진행하면 공인중개사가 이런 말을 건넬 것이다.

"주거래은행이나 아시는 대출상담사분이 있으신가요? 없으시다면 소개해 드리겠습니다."

그렇게 소개받으면 얼마 지나지 않아서 대출상담사가 부동산에 도착할 것이다. 그렇게 소개받은 대출상담사의 설명과 상담을 마치고, 자필 서명을 하기 전 문득 이런 생각이 들 수도 있다.

'오늘 이렇게 소개받은 직원이 은행의 직원이 맞을까?'

'이 사람이 설명한 대출상품이 정말 좋은 조건에 최저금리의 대출이 맞을까?'

이런 걱정을 없앨 수 있도록 믿어도 좋은 대출상담사를 찾는 방법을 자세히 알아보자.

은행연합회의 대출상담사 통합조회

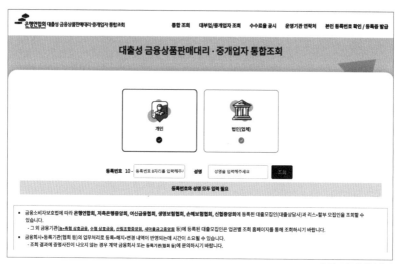

출처: 전국은행연합회

가장 먼저, 대출을 진행하기 전 아주 잠시만 시간을 내어 명함을 받자. 그리고 〈은행연합회〉가 운영하는 조회 사이트(www.loanconsultant.or.kr)에 들어가 명함에 적혀있는 이름과 등록번호를 입력하면 끝이다. 상담사의 소속 법인부터 경력, 사진 그리고 위반 사항까지도 확인할 수 있다. 정식 상담사인지, 혹은 불법적인 일을 하는 대출상담사인지도 단번에 알 수 있다.

이렇게 검증을 마쳤어도 그 대출상담사가 제시하는 금리와 조건이 마음에 걸릴 수 있다. 대출상담사를 통하면 왠지 한 다리를 건너 진행하는 것 같고, 은행에서 직접 진행하는 것보다 금리가 올라가거나 조건이 나빠지지 않을까 걱정하기도 한다.

대출상담사의 구조

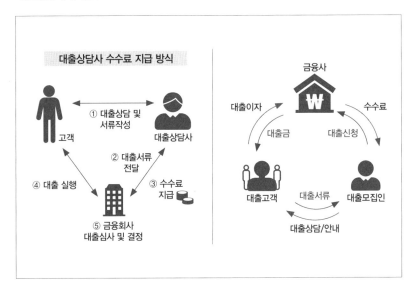

하지만 앞서 설명한 것처럼 대출상담사는 금융회사와 계약한 수탁 법인의 소속 직원이다. 그 상담사가 A 은행의 대출상품을 권유했다면, 직접 A 은행에 찾아가도 같은 금리와 조건의 대출상품을 볼 수 있다. 대출상담사도 은행과 같은 상품을 제공할 수 있기 때문이다

그렇다면 왜 대출상담사는 부동산까지 오면서 대출을 도와줄까? 그 이유는 대출이 체결될 때마다 대출금액의 일정 부분을 수당과 수수료 로 받기 때문이다. 이 수수료는 절대로 고객의 부담이 아니다. 금융회 사나 모집 법인에서 지급하고 있으며, 그렇기에 대출상담사는 최대한 많은 고객의 업무를 도우려고 노력하고 있다.

이러한 직업이나 제도가 생소할 수도 있다. 하지만 집을 거래하거나 찾을 때 공인중개사를 통해서 진행하는 것처럼, 대출상담사를 이용한 다면 다양한 장점이 있다. 예를 들면 휴일이나 영업시간 외에도 개인적

인 연락을 통해 궁금한 점을 해결한다거나, 내가 다른 일정을 처리할 때 찾아와 대출 서류에 필요한 자필 서명을 받아 가기도 한다. 이런 다양한 편의성 때문에 대출을 많이 받아본 투자자 중에는 대출상담사를 통한 대출 진행을 선호하는 분도 있다.

대출상담사들은 위의 장점뿐만 아니라 금융사마다 다른 금리 정보나 정부의 정책 변경 사항을 가장 빠르게 숙지한다. 그래서 내 나이·자산·상황에 맞춘 최적의 상담이 가능하다. 최저금리나 최대한도를 받는 방법, 소득이 없어도 대출받는 법 등 다양한 대출 상황을 겪고 있기 때문이다. 아직은 사람들에게 널리 알려지진 않았지만, 이런 대출의 전문가를 활용해 나에게 필요한 최적의 대출을 받길 바란다.

가장 좋은 조건, 정책상품을 먼저 활용하자

전세자금을 대출받을 때는 '정책상품'들을 가장 먼저 알아봐야 한다. 조건만 충족한다면 일반은행보다 낮은 이자와 적은 부수 거래조건 그리고 많은 혜택을 받을 수 있다. 정부의 발표나 뉴스, 대출상담사에게 내가 적용되는 상품이 있는지 꾸준히 확인해두자.

버팀목전세자금대출

첫 번째로 알아볼 상품은 버팀목전세자금대출(이후 버팀목 전세)이다. 버팀목 전세는 정부가 서민의 주거 안정을 도모하기 위해 출시한 대출상품으로, 여기서 말하는 서민의 기준은 자산 3억4,500만 원 이하이면서 부부합산 연소득 5,000만 원 이하인 무주택자이다. 만약 신혼부부라면 1억 원 이하까지 인정받을 수 있다.

전세보증금의 한도는 수도권 3억 원, 그 외 비수도권 2억 원으로 제

버팀목전세자금대출

한되는데, 신혼부부와 2자녀 이상 가구라면 수도권 4억 원, 그 외 비수도권 3억 원으로 각각 1억 원의 추가 한도를 제공한다.

　이런 까다로운 조건을 통과했다면 보증금의 70%(신혼, 2자녀 80%) 이내에서 수도권은 최대 1억 2,000만 원, 그 외 비수도권은 최대 8,000만 원까지 대출받을 수 있다. 금리는 연 2.1%~2.9%로 연소득과 임차보증금에 따라 차등적용되며 변동금리를 적용받는다.

　대출 기간은 2년이지만 최대 4회까지 연장할 수 있어 10년 동안 대출이 가능하다는 것도 특징이다. 하지만 2년 단위로만 대출이 가능하므로 자신의 전세 계약이 1년 남았다면 대출받은 뒤 중도상환하는 식으로 대출을 이어가자. 버팀목 대출은 중도상환수수료가 면제되므로 중도에 해지해도 큰 부담이 없다.

　만약 위에 적은 버팀목 전세의 대출 조건을 만족하는 동시에 특정한 나이 제한(만 19세~만 34세)까지 충족한다면 청년전용 버팀목전세자금대출(이후 청년전용 버팀목)을 이용할 수 있다. 일반 버팀목 전세보다 금리가 0.3%p 추가로 낮아지며, 보증금의 80% 이내에서 최대 2억 원까지

대출받을 수 있다. 단, 만 25세 미만의 단독세대주라면 최대 1억5,000
만 원까지 대출받을 수 있다는 것은 조금 아쉽다. 하지만 받을 수 있다
면 최대한 청년전용 버팀목을 이용하자.

중소기업취업청년 전월세보증금대출

다음으로 알아볼 정책상품은 중소기업취업청년 전월세보증금대출
(이후 중기청 전세)이다. 흔히 중기청 전세라고 불리는 이 상품은 중소기
업에 다니는 만 19세~만 34세인 청년만 신청할 수 있다. 부부라면 합
산 연소득 5,000만 원 이하, 외벌이라면 3,500만 원 이하, 순자산은 3
억4,500만 원 이하여야 한다. 전세보증금이 2억 원 이하일 때, 연 1.5%
라는 파격적인 조건으로 최대 1억 원까지 대출받을 수 있다.

중소기업취업청년 전월세보증금대출

출처: 주택도시기금

상품명에선 막연하게 중소기업이라고 설명했지만 좀 더 자세히 설명

하면 무주택 세대주인 사람 중 중소, 중견기업 재직자나 중소기업진흥 공단과 신용보증기금, 기술보증기금의 청년창업 지원을 받는 사람이 대출의 대상자가 된다. 사실상 청년 버팀목 대상자 중 중소·중견기업 재직자라면 이 대출을 받을 수 있는 것이다.

연 1.5%라는 정말 낮은 금리 덕분인지 전세대출 중 가장 인기가 많지만, 중소기업 재직을 입증할 다양한 서류를 준비해야 한다는 것이 일말의 흠이다. 회사의 사업자등록증부터 주 업종코드 확인서, 고용보험 자격이력내역서 또는 건강보험 자격득실확인서 등 정말 많은 서류가 필요하다.

대출의 최대한도가 1억 원으로 청년 버팀목보다 낮지만, 보증금의 최대 100%까지 대출받을 수 있고 소득과 관계없이 1.5%의 금리를 적용받는다는 장점이 이를 압도한다. 낮은 한도도 괜찮다면 청년 버팀목보다 중기청 전세가 다른 조건에서는 훨씬 유리하다고 볼 수 있다.

하지만 다른 버팀목 대출들과는 달리 일반은행 재원 전세대출을 중기청 전세로 대환할 수는 없다. 또 중소기업에서 퇴사하거나 대기업으로 이직하면 일반 버팀목 대출로 금리가 변경되니 이 점에 유의하자.

신혼부부전용 전세자금대출

신혼부부전용 전세자금대출(이후 신혼부부 전세)은 혼인신고일로부터 만 7년 이내거나 3개월 이내에 혼인신고 예정인 신혼부부만 신청할 수 있는 특별 상품이다. 이 대출상품은 부부합산 연소득 7,500만 원 이하, 순자산은 3억4,500만 원 이하인 무주택 부부여야 하며, 전세보증금 지원 한도는 수도권의 경우 최대 4억 원, 비수도권은 3억 원까지다.

신혼부부전용 전세자금대출

출처: 주택도시기금

　모든 조건을 만족했다면 80%의 대출한도로 수도권은 3억 원, 그 외 지역은 2억 원까지 전세보증금을 대출받을 수 있다. 이는 다른 주거 지원 대출상품인 버팀목 전세나 중기청 전세에 비해 상대적으로 높은 한도를 자랑한다.

　금리는 연 1.5%에서 2.7% 사이로, 정책상품 중에서도 중기청 전세 다음으로 금리가 낮다는 것이 특징이다. 이는 연소득과 전세보증금 액수에 따라 차등적으로 적용된다. 대출을 신청할 때는 합가 기간을 확인할 수 있는 주민등록초본이 필요하며, 예비 신혼부부라면 예식장 계약서나 청첩장 등으로 증빙할 수 있다.

신생아 특례 버팀목대출

　2024년, 정부는 신생아 특례 구입·전세자금대출(이후 신생아 특례)이라는 파격적인 정책을 내놓았다. 신혼부부와 출산 가정의 주거 안정으로 저출산 문제에 대응한 것이다. 신생아 특례의 대상을 살펴보면 그

의도를 알 수 있다. 대출 접수일 기준 최근 2년 이내에 출산한 가구 (2023년 1월 1일 이후 출생아 포함)가 대상이기 때문이다. 부가 조건으로 부부합산 연소득 2억 원 이하, 순자산 3억4,500만 원 이하인 무주택 가구여야 한다.

보증금 한도와 금리도 정말 유리하다. 보증금 한도는 수도권 5억 원, 비수도권 4억 원으로 설정되어 있으며, 보증금의 80% 이내에서 최대 3억 원까지 대출받을 수 있어, 정책상품 중 가장 높은 한도를 자랑한다. 특히 금리는 정부의 정책상품 중 가장 낮은 1.1%에서 시작하므로, 적용 대상이라면 무조건 신청하는 것을 추천한다.

바로 위에서 설명한 신혼부부 전세와 비교해도 여러모로 파격적이란 것을 알 수 있다. 신혼부부 전세도 기존의 정책상품 중에서 낮은 금리와 높은 한도를 제공했다. 하지만 소득과 자산, 주택의 보증금, 대출한도, 금리 등 모든 면에서 신생아 특례가 신혼부부 전세를 압도한다.

증빙서류는 신혼부부 전세와 마찬가지로 출생신고서나 입양확인서가 필요하며, 출산 전에는 신청할 수 없다. 하지만 출산이나 입양 후에는 혼인신고를 하지 않은 세대도 신청할 수 있다.

누누이 말하지만, 본인의 조건만 맞는다면 위의 정책상품들을 최우선으로 고려하자. 하지만 혜택이 좋은 만큼 다양하고 복잡한 조건을 충족해야 한다. 또 모든 사람이 정책상품을 누릴 수는 없다. 그렇다면 다음에 소개할 한국주택금융공사, 주택도시보증공사, 서울보증보험을 통한 일반전세대출을 이용해보자.

전세자금 대출을 위한 정책상품 정리

	버팀목 전세	청년전용 버팀목	중기청 전세	신혼부부 전세	신생아 특례
대출 조건	부부합산 연소득 5,000만 원 (2자녀 6,000만 원, 신혼부부 1억 원) 이하, 순자산가액 3억 4,500만 원 이하 무주택자	만 19세 이상 만 34세 이하 세대주, 부부 합산 연소득 5,000만 원 이하, 순자산가액 3억4,500만 원 이하 무주택 세대주(예비 세대주 포함)	만 19세 이상 만 34세 이하 청년, 부부합산 연소득 5,000만 원 이하(외벌이 3,500만 원 이하), 순자산가액 3억 4,500만 원 이하 무주택 세대주 중 중소, 중견 기업 재직자	부부합산 연소득 7,500만 원 이하, 순자산가액 3억4,500만 원 이하 무주택 세대주 신혼부부(7년 이내의 혼인기간 또는 3개월 이내 혼인 예정자)	대출접수일 기준 2년 내 출산 (2023년 1월 1일 이후 출생아부터) 무주택 세대주, 부부합산 연소득 2억 원 이하, 순자산가액 3억4,500만 원 이하
보증금 한도	일반가구: 수도권 3억 원, 그 외 2억 원 신혼, 2자녀 이상 가구: 수도권 4억 원, 그 외 3억 원	3억 원	2억 원	수도권 4억 원, 그 외 3억 원	수도권 5억 원, 그 외 4억 원
대출한도	보증금의 70% (신혼, 2자녀 80%) 이내에서 수도권 1억2,000만 원, 그 외 8,000만 원	보증금의 80% 이내 최대 2억 원(만 25세 미만 단독세대주는 1억5,000만 원)	보증금의 100%(HF 보증서의 경우 80%) 이내 최대 1억	보증금의 80% 이내 수도권 3억 원, 그 외 2억 원 이내	보증금의 80% 이내 최대 3억 원
대상주택	임차 전용면적 85㎡	임차 전용면적 85㎡(만 25세 미만 단독 세대주는 60㎡ 이하)	임차 전용면적 85㎡	임차 전용면적 85㎡(읍·면 100㎡)	임차 전용면적 85㎡(읍·면 100㎡)
금리	연 2.1%~2.9%	연 1.8%~2.7%	1.5%	연 1.5%~2.7%	연 1.1%~3.0%
대출기한	2년(4회 연장 가능, 최장 10년)	2년(4회 연장 가능, 최장 10년)	2년(4회 연장 가능, 최장 10년)	2년(4회 연장 가능, 최장 10년)	2년(5회 연장 가능, 최장 12년)

정책상품 이외의 한도 돌파구, 일반전세대출 사용설명서

가장 먼저 전세란 무엇인지 되짚어보자. 전세는 임차인이 임대인에게 주택을 일정 기간 빌리는 대신 보증금을 지급하고, 임대 기간이 끝나면 보증금을 돌려받는 우리나라의 특별한 주택임대 유형이다. 월세에 대한 거부감이나 매매가 힘든 경우에 주로 택하고 있다.

하지만 간혹 전세보증금이 매매가에 육박할 만큼 클 때도 있다. 이럴 때의 전세자금대출은 적게는 몇천만 원에서 크게는 몇억 원씩 대출이 나가곤 한다. 전세자금대출은 주택담보대출이나 신용대출처럼 주택이나 신용을 담보로 요구하지도 않는데 은행은 무엇을 믿고 이렇게 큰 돈을 대출해주는 걸까?

전세자금대출은 보증기관들의 보증서를 담보로 대출이 실행되기 때문이다. 이 보증서는 임차인(세입자)이 전세자금대출 원리금을 상환기일에 상환하지 못하는 경우 그 원리금의 상환을 보증기관이 대신 책임진다는 내용이 들어있다. 은행은 이 보증서를 믿고 차주에게 돈을 내어주는 것이다. 그러므로 모든 전세대출은 보증기관의 보증서 발급조건을 충족한 것과 마찬가지다.

보통 전세를 위한 정부의 정책상품은 한국주택금융공사(이후 HF), 주택도시보증공사(이후 HUG) 두 기관에서 보증을 서고, 은행의 돈을 재원으로 하는 일반 전세는 앞서 언급한 HF, HUG와 함께 민간 회사인 서울보증보험(이후 SGI)에서 일정 보증료를 받고 보증을 서준다. 전세대출에 필수인 만큼 각 기관의 보증서 발급조건과 특징을 자세히 알아보자.

전세대출 보증기관 정리

	주택도시보증공사(HUG)	한국주택금융공사(HF)	서울신용보증(SGI)
한도	보증금의 80%, 신혼이나 청년은 90%, 최대한도 무주택자 4억 원 / 1주택자 2억 원	보증금의 80%, 최대한도 2억2,200만 원	보증금의 80%, 최대한도 무주택자 5억 원 / 1주택자 3억 원
특이사항	무소득자도 발급 가능, 단 신용점수 관리 필요	필수 요건은 적지만 소득에 따라 승인	사기업에서 운영, '질권설정통지서'를 발급해 임대인에게 내용증명
보증금한도	수도권 7억 원 / 비수도권 5억 원	수도권 7억 원 / 비수도권 5억 원	제한 없음
전세금반환보증보험 의무가입 여부	자동 의무가입	개별 가입	개별 가입
임대인 동의	필수	불필요	필수

소득무관! 전세 보증보험에 자동가입되는 HUG 전세대출

　HUG의 전세대출은 일반적으로 안심전세대출이라고 부른다. 이 대출의 가장 큰 특징은 임차인의 소득과 직업과 관계없이 보증서 발급이 가능하다는 것이다. 따라서 무직 상태거나 소득 증빙이 힘든 프리랜서 등의 경우 HUG의 보증을 선호한다. 하지만 소득은 보지 않더라도 신용점수가 낮으면 대출금액이 줄어들거나 거절될 수 있으며, 은행의 지점과 대출담당자의 성향에 따라 최소한의 이자상환능력을 확인할 때도 있다. 만약 소득 때문에 대출이 거절됐다면 다른 지점을 방문해보는 것도 좋다.

　HUG는 임차인의 소득보다 대출 대상인 주택과 임대인의 상황을 중시한다. 일단 등기부등본을 확인했을 때 경매신청, 압류, 가압류, 가처분, 가등기 등 권리침해사항이 있으면 보증서를 받기 힘들다. 또 건축물대장상 위반건축물(아파트 제외)이거나 전입세대열람원에서 타세대 전입내역(단독, 다가구 제외)이 있으면 안 된다. 이런 문제들은 대출 전 서류작업을 통해 미리 확인해두자.

　서류를 확인했다면 다음은 주택의 채무 상태다. 선순위채권과 전세보증금을 합친 금액이 주택가액의 90%(단독, 다가구의 경우 80%)보다 낮아야 하며, 선순위채권이 주택가액의 60%를 넘어서도 안 된다. 임대인의 동의 역시 필수이다. 임차인이 대출을 신청하면 임대인에게 '채권양도통지서'가 발송된다. 이는 만기 시 대출금을 임차인이 아닌 은행으로 입금하여야 한다는 내용으로, 임대인이 이를 온전히 수령한 뒤 서류에 동의를 해줘야만 대출을 받을 수 있다.

전세자금의 90%까지 HUG 전세대출 받는 방법

1. 신혼부부: 부부합산 연소득이 6,000만 원 이하이며 신청일 기준 7년 이내 혼인신고자. 결혼 예정자도 가능하나 청첩장이나 예식장 계약서 등 증빙 서류가 필요함.

2. 청년 가구: 연소득 5,000만 원 이하인 만 19세부터 만 34세 이하의 청년

HUG 보증을 최우선으로 알아봐야 하는 경우

- 소득이 없거나 적은 무직자와 프리랜서의 경우
- 전세대출을 받으면서 전세보증보험 자동가입을 원하는 경우
- 신혼부부, 만 19세~34세 청년의 경우

소득의 3.5배~4.5배까지! 임대인 동의가 필요 없는 HF 전세대출

HF가 보증하는 전세대출은 보증료가 가장 저렴하고 가입할 수 있는 주택의 종류도 가장 많다. 반면 대출한도액은 가장 적으며 앞서 설명한 HUG 전세와 달리 임차인의 소득을 중요시한다. 조건에만 부합한다면 최대 4억 4,400만 원 범위 안에서 소득의 3.5배에서 4.5배까지 대출이 가능하다.

하지만 일정한 소득이 없고 신용점수가 낮다면 대출이 되지 않으며, 대출이 성사되더라도 아주 소액만 가능하다. 신용대출과 비슷하다고 생각하면 편하다. 또한 다른 기존 대출이 있는 경우 그 금액만큼 한도에서 차감될 수 있으니 대출 전 기존 대출 금액을 다시 한번 확인해보는 것이 좋다.

이처럼 HF는 개인의 소득과 신용도를 중요시하는 편이지만 다른 보증기관에 비해 주택과 임대인의 상황에는 관대하다. 2억 2,200만 원까지는 임대인의 동의 없이 바로 대출이 가능하며, 만약 질권설정에 대한 임대인의 협조가 있다면 한도는 최대 4억 4,400만 원까지 늘어난다.

주택의 형태나 서류상 기준도 등기부등본상 권리침해사항이 없고, 주택 또는 오피스텔로 분류된다면 대부분 대출이 가능해 상당히 관대한 편이라고 볼 수 있다. 또한 전세보증금 2억 원 이하는 주택가격에 상관없이 보증받을 수 있다.

하지만 HF의 전세대출도 과도한 근저당은 허용하지 않는다. 선순위 채권과 전세보증금의 합이 주택가격의 100%를 넘으면 안 되며, 법인의 경우 주택가격의 80%를 넘으면 보증이 거절된다.

TIP

HF 보증을 최우선으로 알아봐야 하는 경우
- 임대인 동의를 받기가 어려운 경우
- 임대인이 법인인 경우
- 가장 저렴한 금리를 원하는 경우

아파트 보증금 제한이 없는 SGI 전세대출

SGI는 앞서 설명했던 HUG, HF와는 달리 사적보증기관이다. 그만큼 공적보증기관보다 규제가 적어 주택가격과 보증금에 제한이 없고. 모든 기관 중 한도가 가장 많다는 장점(최대 5억 원)이 있다. 특히 7억 원을 초과하는 고가주택에 들어간다면 1금융권 전세대출을 보증해주는 기관은 SGI가 유일하므로 선택의 여지가 없다. 반면 SGI만 특별히 까다롭게 보는 조건들도 있다.

우선 연소득이 DTI 40% 이내에 들어와야 한다. 똑같이 소득을 조건으로 따지는 HF보다 더 까다롭다. 대상 주택 또한 한정적이다. SGI 전세대출은 아파트와 연립, 다세대, 오피스텔만 취급하고, 단독주택이나 다가구, 다중주택 등은 취급하지 않는다. 그리고 HUG처럼 임대인의 '질권설정통지서' 동의가 필수다. 한 가지 특이한 점은 보증에 들어가는 보증료를 은행이 낸다는 것인데 금리에 반영되므로 결국 대출에 들어가는 총비용은 SGI 전세대출이 가장 높다.

TIP

SGI 보증을 최우선으로 알아봐야 하는 경우

• 보증금이 7억 원을 초과하는 고가주택에 전세로 들어가는 경우

• 금리보다 대출 최대한도를 중요시하는 경우

• 1주택 보유자가 1금융권에서 대출을 최대한도로 받고 싶은 경우

최소한의 안전장치, 전세보증금 반환보험

앞서 보증기관들의 보증은 세입자가 전세대출 원리금을 상환하지 못할 때, 그 상환을 책임지는 것이라 설명한 바 있다. 하지만 이 보증이 세입자가 임대인에게 돌려받지 못한 보증금의 반환까지 책임지진 않는다.

그래서 보증기관들은 이를 보험화하여 전세보증금 반환보험을 출시했다. 전세대출을 실행할 때 또는 그 이후라도 계약기간이 1년 이상이

고, 그중 절반이 지나지 않았다면 보증보험 가입이 가능하다. 만약 전세대출 보증기관이 HUG라면 전세대출과 동시에 가입되므로 따로 신경을 쓸 필요가 없지만, HF나 SGI 등 타 보증기관의 보증을 받았다면 세입자가 따로 가입해야 한다.

전세 만기 시 임대인이 잠적하거나 전세보증금을 유용해서 전세보증금을 돌려받지 못하는 경우가 늘고 있다. 갈수록 고도화되는 전세 사기에 불안감을 가지고 있다면 전세보증금 반환보험에 가입하는 것을 추천한다. 특히 전세가가 시세보다 높게 책정되어 있거나 해당 주택에 선순위채권이 많이 설정되어 있다면 반드시 가입해두자.

지금까지 전세대출을 보증해주는 기관별 특징과 조건을 알아보았다. 물론 여러분이 전세자금을 대출받는다면 정책상품을 가장 먼저 이용하라고 말하고 싶다. 하지만 해당하는 정책상품이 없다면 위의 세 보증기관의 일반전세상품을 잘 알아두자.

1주택자와 다주택자가 전세자금대출을 받으려면?

　무주택자만 받을 수 있을 것 같지만, 유주택자도 전세자금을 대출받을 수 있다. 하지만 대출이 성사되려면 특정 조건들을 만족해야 한다. 그리고 무엇보다 보유하고 있는 주택의 가격과 투기지역 여부 그리고 매매 시기가 중요하다.

　낮은 금리와 파격적인 조건인 정책상품은 1주택자나 다주택자가 이용할 수 없다. 그렇다면 차선책으로 HF와 HUG, SGI 보증의 일반 전세자금대출을 생각해야 한다. 자신이 1주택자라면 HF와 HUG에서 보증금의 80% 한도로 최대 2억 원까지, SGI에서 최대 3억 원까지 대출받을 수 있다. 하지만 2020년 7월 10일을 기준으로 투기과열지구인 강남구, 서초구, 송파구, 용산구에 주택을 보유하고 있다면 전세자금대출을 받을 수 없다.

　하지만 전세자금대출은 주택담보대출과 다르게 아파트 분양권과 입주권을 '주택'으로 인정하지 않는다. 따라서 투기과열지구의 3억 원을 초과하는 분양권, 다른 지역의 9억 원을 초과한 입주권을 매수했다고 대출금이 회수되지는 않는다는 투자의 샛길도 있다. 단, 아파트가 완공되고 잔금을 치를 시점에는 입주권이 주택으로 취급된다.

무주택자와 1주택자의 일반 전세자금대출 상한

	주택도시기금 전세대출	한국주택금융공사 (HF)	주택도시보증공사 (HUG)	서울신용보증 (SGI)
무주택자	2억 2,000만 원	4억 4,400만 원	4억 원	5억 원
1주택자	불가	2억 2,200만 원	2억 원	3억 원

다음으로 2주택 이상 보유자, 다주택자의 경우를 짧게 알아보자. 위에서 설명한 제1금융권에서의 전세대출은 불가능하다. 하지만 제2금융권을 통해서는 가능하다. 제2금융권의 전세대출은 보증서 담보대출을 진행하는 곳도 있지만 주로 전세권 설정 등의 방법으로 제1금융권 전세대출과는 다소 다르게 진행된다. 때문에 임대인의 동의가 더 까다롭거나 금리가 높은 단점이 있다. 하지만 전세보증금 80% 내에서 담보대출금액이나 선순위채권 등의 제약이 적어, 다주택자이거나 신용도가 낮은 경우에도 고려해볼 수 있다.

결론적으로, 1주택자든 다주택자든 전세자금을 대출받을 때는 소유 주택의 가격, 위치, 구입 시기 등 다양한 조건을 고려하자. 또 제1금융권의 대출한도와 금리, 제2금융권의 가능성을 꼼꼼하게 비교해보고 결정하는 것이 중요하다.

# 사회초년생을 노리는 전세 사기, 예방과 대처방법 (1)

최근 한국의 주택 시장에서 많은 임대인들이 갭투자를 통해 재테크를 시도했다. 하지만 2023년의 금리 인상으로 인한 주택가 하락으로 매매가와 전세가의 갭이 줄어들거나, 오히려 역전세가 발생하며 전세보증금을 돌려받지 못하는 임차인들의 고민이 커지고 있다.

이런 소식을 듣는 사회초년생은 마주하는 모든 계약이 두려울 것이다. 법적 책임이 따르는 복잡한 약관과 자신의 자산이 걸려있다는 긴장감은 시야를 좁힌다. 그렇기에 전세 사기에 가장 취약할지도 모른다. 이제 전세의 함정을 먼저 피하는 가이드를 알아보자.

1. 주변 시세 확인

같은 평수와 상태의 인근 매물보다 전세금이 너무 높다면 깡통전세의 가능성이 있다. 깡통전세란 전세보증금이 주택의 실제 가치를 넘어선 상태다. 만일 이런 주택에 거주하다 경매로 넘어간다면 다양한 선순위채권에 밀려 전세보증금을 떼일 수 있다. 주변의 시세는 국토교통부 실거래가 공개시스템, 한국부동산원, 네이버부동산, 인근 부동산중개사를 통해 확인할 수 있다. 한 플랫폼만 사용하지 말고 교차검증하는 정성이 필요하다.

2. 건축물대장 확인

정확한 소재지와 소유자, 면적 등을 확인해야 한다. 특히 위반건축물 여부를 반드시 확인하자. 위반건축물은 일반적으로 대출할 수 없을 확률이 높으며, 주택임대차보호법도 적용받기 힘들다. 〈정부24〉에서 건축물대장 열람으로 들어가 찾고 싶은 건물의 건축물 소재지를 입력하자. 그렇게 민원 신청 후 위반 여부를 확인할 수 있다.

위반건축물 예시

3. 등기부등본 확인

1교시 4장, '시세를 잘 찾아야 거래도 빨라진다'에서 배운 것을 떠올려보자. 등기부등본에서 가장 중요한 것은 갑구의 등기상 소유자와 임대인이다. 이 둘이 같다면 다음은 을구에서 근저당(대출)이 얼마나 있는지 살펴보자. 만약 근저당이 잡혀있다면 근저당권 채권최고액(일반적으로 원금의 110%~130%)을 확인하자. 그 금액과 나의 전세보증금을 합쳤을 때 매매가의 80% 이상이면 계약에 주의해야 한다.

을구의 채권최고액 예시

【 을 구 】			(소유권 이외의 권리에 관한 사항)	
순위번호	등기목적	접수	등기원인	권리자 및 기타사항
1	근저당권설정	2022년1월20일 제7262호	2021년12월17일 설정계약	채권최고액 금720,000,000원 ✓ 채무자 　경상남도 김해시 근저당권자 　경기도 부천시

임대인의 파산 등으로 집이 경매에 넘어가면, 일반적인 경매낙찰가는 주택가의 80% 전후다. 선순위대출의 채권최고액과 나의 보증금의 합이 80% 이내라면 보증금을 받을 수 있지만, 80%가 넘어간다면 전세보증금을 떼일 수 있기 때문이다. 지역별로 경매낙찰가가 조금씩 다를 수 있어 세심하게 찾아보자.

4. 임대인과 공인중개사 실물 확인

계약에 앞서 반드시 등기부등본상의 소유주와 임대인이 같은지 확인하자. 신분증과 임대인 얼굴을 대조하거나, 갑구의 정보와 비교해본다. 그리고 대출중개사를 알아본 것처럼 공인중개사의 정보도 확인해야 한다. 만약 미등록 및 업무중지 중인 중개업소면 사고가 일어났을 때 보상받을 수 없기 때문이다. 공인중개사들의 정보는 국토교통부의 포털인 브이월드에서 확인할 수 있다.

브이월드의 조회 예시

출처: V-WORLD

5. 납세증명서 확인

임대인의 국세, 지방세 납세증명서를 통해 체납 여부를 확인하자. 만약 세금을 체납했다면 이를 받아내는 조세채권은 임차인의 보증금 반환채권보다 앞서기 때문이다. 그 주택이 경매로 넘어간다면 조세채권을 먼저 갚아야 해서 내 전세보증금을 떼일 수 있는 것이다. 다행히도 전세 사기가 공론화된 후 임대인은 임차인에게 납세증명서를 제공할 의무가 생겼기에, 이를 미리 확인해 어느 정도의 안정성을 갖출 수 있다.

납세증명서의 체납 여부 확인

국세

(1 / 1)

납 세 증 명 서

발급번호		처리기간	즉시(단, 해외이주용 10일)
납세자 인적사항	성명(상호)	주민등록번호 (사업자등록번호)	
	주소(사업장) 서울특별시 양천구		

증명서의 사용목적	[V] 대금수령 [ ] 해외이주 (이주번호 제 호, 이주확인일 년 월 일) [ ] 기 타

증명서의 유효기간	유효기간	2024년 04월 25일
	유효기간을 정한 사유	[V]「국세징수법 시행령」제96조제1항 [ ] 기타(사유:)

연장·유예 내역 (단위 : 원)	연장·유예 종류	연장·유예 기간	과세기간	세목	납부기한	세액	가산금
		해 당		없	음		

물적납세의무 체납내역 (단위 : 원)	위탁자·양도담보설정자		과세기간	세목	납부기한	세액	가산금
	해 당			없	음		

「국세징수법」제108조 및 같은 법 시행령 제95조에 따라 발급일 현재 위의 연장·유예액 또는 「국세기본법」
제42조, 「종합부동산세법」제7조의2·제12조의2 또는 「부가가치세법」제3조의2에 따른 양도담보권자 또는
수탁자의 물적납세의무와 관련된 체납액을 제외하고는 다른 체납액이 없음을 증명합니다.

※ 발급일 현재 지정납부기한이 도래하지 않은 미납국세는 체납액이 아니므로 증명 대상에서 제외됨.

2024년 4월 14일

담당부서	민원봉사실
담 당 자	
연 락 처	02-2650-9228

양천세무서장

* 본 증명서는 정부24에서 발급된 증명서로 문서하단의 바코드로 진위확인이 가능하며, 국세청 홈택스(hometax.go.kr)에서도 문서발급번호로
90일간 진위확인을 하실 수 있습니다.

지방세

문서확인번호 : 1713-0826-0294-5267

지방세 납세증명(신청)서 (1/1)
Local Tax Payment Certificate(Application)

발급번호 Issuance Number		접수일시 Time and Date of receipt	2024-04-14 17:15:45	처리기간 Processing Period	즉시 Immediately

납세자 Taxpayer	성명(법인명) Name(Name of Corporation)		주민(법인,외국인)등록번호 Resident(Corporation, Foreign)Registration Number	
	주소(영업소) Address(Business Office) 서울특별시 양천구			
	전화번호(휴대전화) Phone number(Cellular phone number)			

증명서의 사용 목적 Purpose of Certificate	대금수령 [ ] Receipt of payment	대금 지급자 Payer		
	해외이주 [ ] Emigration	이주번호 Emigration No.	해외이주 신고일 Date of the Report	년 월 일 yyyy mm dd
	부동산 신탁등기 [ ] Registration for real estate trust	신탁 부동산의 표시 (소재지, 건물명칭 및 번호) Information of real estate trust (Location, Building name and number)		
	그 밖의 목적 [V] Others	확인		

증명서 신청부수 Copies of Certificate Needed	1 부 Copy(Copies)

「지방세징수법」 제5조 및 같은 법 시행령 제6조제1항에 따라 발급일 현재 징수유예등 또는 체납처분유예액을 제외하고는
다른 체납액이 없음을 증명하여 주시기 바랍니다.

I request to certify that I have no delinquent taxes except for the above-mentioned suspension of tax collection
or suspension of disposition of delinquent tax as of the issued date of this certificate, in accordance with the
provision of the Article 5 of Collection Act for Local Taxes and Article 6(1) of the Enforcement Decree of
Collection Act for Local Taxes.

2024년(yyyy) 04월(mm) 14일(dd)

신청인(납세자)   (서명 또는 인)
Applicant(Taxpayer)   (Signature or Stamp)

징수유예등 체납처분유예의 명세		Suspension of Tax Collection or Suspension of Disposition of Delinquent Tax				
유예종류 Type of taxes suspended	유예기간 Period of taxes suspended	과세연도 Tax Year	세 목 Tax items	납부기한 Due date for payment	지방세 Tax Amount	가산금 Penalties
– 해당 사항 없음(None) –						

「지방세징수법」 제5조 및 같은 법 시행령 제6조제2항에 따라 발급일 현재 위의 징수유예등 또는 체납처분유예액을 제외하고는 다른
체납액이 없음을 증명합니다.

I hereby certify that I have no delinquent taxes except for the above-mentioned suspension of tax collection or suspension of
disposition of delinquent tax as of the issued date of this certificate, in accordance with the provision of the Article 5 of
Collection Act for Local Taxes and Article 6(2) of the Enforcement Decree of Collection Act for Local Taxes.

1. 증명서 유효기간 :   2024년(yyyy) 05월(mm) 14일(dd)
   Period of Validity
2. 유효기간을 정한 사유 :   지방세징수법 시행령 제 7조(납세증명서의 유효기간)
   Reason for determining the validity date

2024년(yyyy) 04월(mm) 14일(dd)

서울특별시 양천구청장
The Chief of Yangcheon-gu district SEOUL KOREA

◆ 본 증명서는 인터넷으로 발급되었으며, 정부24(gov.kr)의 인터넷발급문서진위확인 메뉴를 통해 위 · 변조 여부를 확인할 수 있습니다.
  (발급일로부터 90일까지) 또한 문서 하단의 바코드로도 진위확인(정부24 앱 또는 스캐너용 문서확인 프로그램)을 하실 수 있습니다.

사회초년생을 노리는 전세 사기, 예방과 대처방법 (2)

역전세 현상이나 전세 사기가 발생하면 보통 기나긴 법적 분쟁으로 이어진다. 또 그 기간 내 피로와 큰돈이 묶이게 된다. 위에서는 계약 전 불량 매물의 함정을 피하는 방법을 알아봤다면, 이제는 계약 후 루틴과 만의 하나를 위해 사기를 당한 뒤 나의 대항력을 보호할 방법까지 알아보자.

계약 직후 루틴

1. 전입신고

보통 새로운 거주지로 이사하면 그 지역의 행정기관이 14일 안에 전입신고를 하라고 안내할 것이다. 하지만 우리는 반드시 이사 당일에 전입신고를 해야 한다. 이를 통해 주택에 대한 최소한의 대항력을 갖출 수 있으며, 최근에는 〈정부24〉를 이용해 쉽고 빠르게 신고할 수 있기 때문이다. 직접 출석도 가능하지만 임대차 계약서와 신분증을 가지고 행정기관에 방문해야 하기에 여러모로 불편하다.

2. 확정일자

확정일자는 전월세 임대차 계약서가 증거력이 있다고 법이 인정하는 일자다. 일반적으로 확정일자는 잔금을 치르고 전입신고를 마친 다음 날 신청했다. 확정일자의 효력은 전입신고 다음 날부터 발생하기 때문이다.

하지만 확정일자의 효력이 느리게 발생하는 허점을 이용해, 그 사이 집주인이 주택담보대출을 받는 제도를 악용한 사기가 발생하곤 했다. 이런 경우 은행이 선순위 채권자가 되기에 세입자의 전세금을 보호받지 못한다.

이런 사기가 이어지자 2023년 3월, 정부는 전세 확정일자의 효력 시점을 전입신고 다음날이 아닌 계약 당일로 변경했다. 또 제1금융권인 시중 5대 은행이 모두 대출 대상 담보주택의 확정일자를 확인할 수 있는 권한이 주어졌다. 이제는 전세 계약 당일 확정일자를 받아두자.

3. 주택임대차계약 신고

임대인과 임차인 모두 계약 체결 후 30일 이내에 신고해야 한다. 아파트부터 단독주택, 고시원 등 주거 목적의 건물 보증금이 6,000만 원을 넘거나 월세가 30만 원 이상이라면 필수다. 온라인과 오프라인 모두 신청이 가능하지만, 계약을 신고하지 않거나 거짓으로 신고 시 4만~100만 원의 과태료가 부과된다.

부동산 대출 수업

4. 전세보증금 반환 보증가입

앞에서 살펴본 HF, HUG, SGI 같은 보증기관의 전세보증보험에 반드시 가입하자. 임대인의 허락을 받지 않아도 가입할 수 있지만, 우리가 들어가는 매물이 전세보증보험 가입 대상인지 확인하기 위해 약간의 시간이 필요하다는 단점도 있다. 이를 대비해 계약서에 특약을 삽입하는 것이 좋다.

예를 들어 '보증보험 가입이 불가능하다면 해당 계약은 무효로 처리하며 지급한 보증금은 즉시 반환한다.' 같은 문구를 계약서에 넣어줄 수 있는지 임대인에게 문의하는 것이다. 특약을 넣게 되면 법적 효력이 발생할뿐더러, 일반적인 집주인이라면 특약을 넣는 것을 꺼리지 않기 때문이다.

대항력의 핵심, 임차권등기

임차권등기명령을 알기 위해서 대항력이라는 개념을 이해할 필요가 있다. 원칙적으로 부동산 임대차계약은 임대인과 임차인 간의 계약이다. 따라서 임차권등기를 하지 않는 이상 제삼자가 계약에 영향을 미칠 수 없다. 하지만 임차권등기를 하게 되면 기존에 가지고 있던 대항력이나 우선변제권이 유지되며, 대항력이나 우선변제권이 없는 제삼자도 이를 취득할 수 있는 것이다.

우리는 임차권등기명령 제도를 이용해 대항력을 확보하고, 법원에 신청하여 우선변제권을 보장받을 수 있다. 또 보증금을 당장 돌려받지 못하더라도 최소한의 보장과 함께 안심하고 이사할 수도 있다. 결과적으로 내 권리를 더 효과적으로 보장받는 중요한 법적 절차이자 임대인이 전세금을 반환하도록 압박할 도구로 써야 한다.

　최근(2023년 7월 19일) 주택임대차법이 개정됨에 따라 임차권등기명령이 임대인에게 송달되지 않아도 효력이 발생하게 되었다. 또 임차권등기 과정이 더욱 간소화되고 임차인의 권리 보호가 강화되었다. 하지만 '권리 위에 잠자는 사람은 보호받지 못한다'라는 말처럼 제도를 확실하게 이해하고 준비하는 것이 중요하다. 임차권등기명령 신청 전후의 유의사항을 잘 이해하고 준비하자.

　우선 임차인은 계약이 만료되기 2달~6달 전 임대차계약의 갱신을 거절한다는 의사를 분명하게 밝혀야 한다. 만료가 가까워져서 갱신하지 않겠다고 말하면 묵시적 갱신처리가 될 수 있기 때문이다. 내가 그 집에서 계속 머물고 싶어서 침묵하는 것은 괜찮지만, 우리는 대항력을 준비하는 것이기에 반드시 퇴거 의사를 드러내자. 그리고 계약기간 만료와 해지 등을 입증할 증빙자료를 미리 준비하자.

　위에서도 짧게 말했지만, 임차인은 임차권등기를 위해 임대차계약의 종료와 보증금을 받지 못한 것을 법원에 증명할 다양한 자료가 필요하다. 주택 소유에 대한 등기사항 증명서나 임대차 계약서, 확정일자가 있는 계약서, 그리고 계약 종료를 입증할 수 있는 문자나 통화 내역 등이 필요하다. 하루아침에 끝낼 수 있는 분량이 아니기 때문에 미리 도움이 될 자료를 수집하는 것이 유리하다.

　또한 임차권등기가 완료될 때까지 반드시 그 전셋집을 점유하고 있어야 한다. 임차권등기명령 신청 후 등기부등본에 기재될 때까지 2주 전후의 시간이 필요하다. 이 시간이 지나고 등기부등본 을구에 임차권등기가 완료되기 전까진 어떤 일이 발생해도 이사를 해선 안 된다.

등기부등본 을구의 임차권등기명령 예시

【 을 구 】	(소유권 이외의 권리에 관한 사항)			
순위번호	등 기 목 적	접 수	등 기 원 인	권리자 및 기타사항
3	주택임차권	2024년3월18일	2024년3월13일 서울중앙지방법 원의 임차권등기명령 (2024)	임차보증금 금130,000,000원 범 위 건물 2층 93.13㎡ 중 20㎡ (문패상 304호) 별지도면표시 ㄱ,ㄴ,ㄷ,ㄹ,ㄱ의 각 점을 순차로 연결한 선내(가) 부분 임대차계약일자 2021년11월17일 주민등록일자 2021년12월27일 점유개시일자 2021년12월25일 확정일자 2021년11월17일 임차권자 도면 제2024-388호

간혹 임차권등기를 마치고 임대인이 보증금 일부를 주며 임차권등기 명령을 해제해 달라고 요청할 때가 있다. 하지만, 이 말만 믿고 임차권 등기를 해제하는 것은 좋지 않다. 임차권등기를 해제하면 내가 애써 취 득한 대항력이나 우선변제권의 효력이 없어지기 때문이다. 임대인의 말 만 믿고 임차권등기를 해지하면 추후 보증금 전액을 돌려받지 못할 수 도 있다. 따라서 임차권등기 설정 이후에는 임대인을 압박하고 협상하 며 보증금 전액을 받아낼 때까지 임차권등기를 유지하자.

또한, 임차권등기를 무사히 마쳤다면 대항력과 우선변제권을 취득했 기에 이사를 해도 무방하다. 하지만 대부분은 전세보증금을 돌려받지 못해 자금상의 여유가 없고, 이런 경우라면 임차권등기를 완료한 이후 그 부동산에 계속 거주해도 문제가 되진 않는다.

무사히 임차권등기를 마쳤다면 여러 가지 후속 조처도 필수다. 예를 들어, 보증금을 반환받기 위해 임대인과 협상을 시도하거나 내용증명 을 보내는 것이다. 내용증명의 내용은 임대차계약이 끝났고, 계약갱신을 원하지 않았으며, 새로운 주택의 계약 현황, 보증금 미반환에 따른 다양한 손해 비용을 정리하는 것이 좋다. 이를 통해 보증금 반환 소송 전에 간략하게 지급명령을 신청하거나 최종적으로는 보증금 반환 소송이나 주택의 경매에 참여할 근거가 된다.

이렇게 임차권등기와 조치를 마쳤다면 다른 곳으로 이사를 하여도 괜찮다. 임차권등기가 걸린 해당 부동산 목적물을 주인에게 인도한다면 그날부터 임대인에게 보증금을 돌려받는 날까지 연 5%의 보증금 이자를 청구할 수 있다. 만약 보증금 반환 소송까지 진행된다면 소장을 청구한 날부터 연 12%의 이자를 청구하거나 임차권등기에 따른 비용, 변호사 선임 비용, 이사비용, 또는 보증금 대출에 따른 이자까지 청구할 수 있다.

끝으로 당부하고 싶은 내용이 있다. 위에서 설명한 것처럼 임차권등기는 내 보증금을 받아낼 강력한 도구다. 하지만 일이 터지고 나서 작동한다는 문제도 있다. 이런 상황을 피하고 싶다면 똑똑하게 대출을 이용할 줄 알아야 한다. 임차권등기의 가장 첫 번째 단계인 퇴거 의사를 밝힐 때 '내'가 대출을 받는 게 아니라 임대인이 대출받게 만드는 것이다.

현장에서 느낀 것은 의외로 많은 임대인이 전세퇴거자금대출이라는 제도의 존재를 모른다는 것이다. 그저 막연하게 다음 세입자를 받아 보증금을 충당하겠다고 생각할 때가 많다. 결국 새 세입자를 구하지 못하거나 만족할 만큼 보증금을 받지 못해 기존 임대인과 분쟁이 일어날 때가 있다.

이런 일을 막고 보증금을 빠르게 돌려받기 위해서 전세퇴거자금대출을 임대인에게 요구하는 동시에 전문성이 있는 대출전문가를 소개하자. 임대인의 상황에 맞는 대출방안을 상담하고 미리 대출을 준비시키는 것이다. 조금 민망하더라도 복잡한 법률 싸움과 불의의 사고를 예방할 수 있다.

보증금 안전도 전문 분석 서비스
〈내집스캔〉

전월세를 구할 때는 위에서 설명한 루틴으로 시작해, 온갖 서류부터 시세의 변동, 체납까지 전부 확인하고 신경을 곤두세워야 한다. 하지만 이런 부분들을 꼼꼼히 확인하더라도 얼마나 위험한지, 또 어떤 부분들

〈내집스캔〉의 안전도 분석 리포트 예시

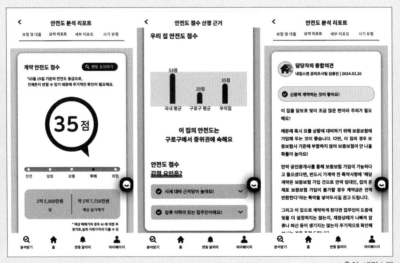

출처: 내집스캔

을 특히 조심해야 하는지 알기는 쉽지 않다. 공인중개사들도 종종 유용하게 사용하는 대표적인 전세사기 예방 앱 〈내집스캔〉을 활용해 우리의 피로도를 줄이고 거래의 함정을 피해보자.

우선 〈내집스캔〉의 홈페이지나 모바일 앱에 주소지와 계약정보를 입력하면 전세사기 안전 진단이 시작된다. 이후 서비스 이용료를 결제하면 전문가가 작성한 리포트까지 받아볼 수 있다. 이 리포트에서는 안전도 점수와 등급은 물론, 해당 점수에 대한 근거와 전문가의 종합의견이 따라온다. 또 맞춤형 특약사항과 함께 집주인의 과거 위험 이력을 확인할 수도 있고, 집주인의 동의를 받을 수만 있다면 세금의 체납여부까지 바로 확인할 수 있는 유일한 서비스이다.

〈내집스캔〉이 제공하는 집주인 체납 보고서

출처: 내집스캔

그리고 물건지를 기반으로 전세대출에 대한 가심사와 가능 확률까지 제공하고 있다.

대출 가심사와 확률 제공 예시

출처: 내집스캔

따라서 전·월세 계약을 많이 해보고 주변에 전문적으로 도움을 받을 사람이 없다면 〈내집스캔〉을 활용해서 안전하게 계약해보자. 집을 보고 바로 결정하지 말고 한 번쯤 제3자의 입장에서 얼마나 위험한 집인지, 혹시 공인중개사가 말한 것과 다른 점은 없는지 분석을 받아보는 것을 추천한다.

전세 & 예비 1주택자들이
주로 하는 질문들

Q 보증보험 가입에 임대인의 동의가 필요한가요?

A 임대인의 동의는 필요하지 않습니다. 다만 보증서를 발급할 때 임대인이 채권양도통지서를 받게 되며, 전세 계약 사실을 확인하는 전화가 올 수 있으니 협조는 해줘야 합니다.

Q 보증서 출력은 어디서 하나요?

A 주택도시보증공사 인터넷 보증 홈페이지에서 고객 정보, 고객 현황 메뉴로 들어가 출력할 수 있습니다.

Q 1년으로 계약해도 전세자금대출을 받을 수 있나요?

A 단년 계약도 전세자금대출과 보증보험을 모두 누릴 수 있습니다.

Q 대출받은 금액만 보증이 되나요?

A 전세자금대출과 전세보증금 모두 보호됩니다.

Q 신축 빌라도 HUG의 안심전세대출이 가능한가요?

A 이전에는 가능했지만, 현재는 불가능합니다. 소유권보존등기가 나온 지 1년이 지난 시점부터 받으실 수 있습니다.

Q 최근에 임대인이 바뀌었어도 보증보험을 받을 수 있나요?

A 건물의 소유주가 최근 3개월 이내 변경되었다면, 세입자가 1년 이상 머물러야 보증보험의 가입요건을 충족합니다.

Q 전세 계약할 때 임대인에게 요구해야 하는 서류가 있나요?

A 개정된 주택임대차보호법에 따르면 임대인은 임차인에게 각종 임대차 정보를 제시해야 합니다. 뿐만 아니라 납세증명서도 제시해야 해서 등기부등본에 나오지 않는 세금 체납 여부도 확인할 수 있습니다.

Q 계약 전에도 위의 정보들을 요구할 수 있나요?

A 임대인이 열람에 동의하면 계약 전에도 알 수 있습니다.

Q 저런 내용을 어떻게 사용하는 게 유리할까요?

A 위의 자료를 정리한 뒤, '임대인이 사전 고지하지 않은 정보가 있다면 위약금 없이 계약을 해지한다'라는 특약을 설정합시다.

Q 집주인이 보증금을 돌려주지 않았는데, 급하게 이사를 해야 합니다. 어떻게 해야 하나요?

(A) 기존에는 임대인의 주소가 불명확하거나 임차권등기명령을 받지 않으면 등기를 칠 수 없었습니다. 하지만 23년 10월 19일부터 임대인에게 임차권등기명령 결정이 고지되기 전에도 등기할 수 있습니다. 이사 전 등기를 통해 대항력을 얻도록 합시다.

예비 1주택자를 위한 담보대출의 정석

월세와 매매,
무엇이 정답일까?

아파트 매매 과정에서 대출을 두려워하는 사람이 많다. 왜 대출이 두려울까? 바로 대출금액이 '몇억 원' 단위이기 때문이다. 하지만 부자들은 아파트 대출이야말로 가장 안전한 대출이라고 생각한다. 도대체 무슨 차이가 있기에 대출을 바라보는 관점이 다를까?

그것은 바로 '내가 대출을 갚아야 한다'라는 좁은 시야 때문이다. 프롤로그에서도 잠깐 설명했지만, 내가 받은 대출과 이자는 더 큰 집으로 건너가기 위한 기회비용일 뿐이다. 이자에만 신경을 곤두세워 월세로 돈을 더 모으겠다고 생각해선 안 된다. 월세로 거주하는 순간 월세 소비와 기회비용, 물가 상승으로 떨어지는 돈의 가치라는 삼중고에 갇힌다. 하지만 매매로 살다 적절한 가격에 팔 수 있다면, 그 즉시 대출의 압박에서 벗어날 수 있다.

월세, 전세, 매매. 모든 주거방식에는 각각 장단점이 있고 필요한 비용도 다르다. 각자의 재정 상황에 따라 최적의 주거방식도 다를 것이다.

또한 집값의 미래는 누구도 예측할 수 없다. 하지만 주거비용에 대한 여러분들의 시각을 조금만 바꿔보자. 대출로 집을 매입해 자가로 사는 것은 월세를 겸하기 때문이다.

내가 월세에 산다면 보증금부터 시작해 월세로 매달 돈이 빠져나간다. 그리고 계약이 끝날 때마다 중개수수료와 이사비용 등이 들어간다. 또 대출을 받아 자가를 마련했어도 대출이자부터 취·등록세, 재산세, 중개수수료 등 다양한 비용이 들어갈 것이다.

언뜻 보기에는 둘 다 다양한 비용이 들어간다. 하지만 우리가 이 둘을 비교할 때는 본능적으로 가장 큰 비용에 주목한다. 바로 월세와 원리금이다. 그리고 이는 우리가 가장 흔하게 저지르는 실수다. 원리금을 지불하고 자가에서 산다면, 월세를 낼 이유가 없기 때문이다. 따라서 자가와 월세의 '진짜 차이'는 원리금에서 월세를 제한 것으로 생각해야 한다.

또 자가에 거주하면 내 집이라는 상황에서 정성적인 요소인 만족감과 편안함을 얻을 수 있고, 정량적으로는 집값 상승에 대한 시세차익을 누릴 수도 있다.

우리나라의 부동산 아파트 가격은 장기적으로 우상향해왔다. 매매로 큰 수익을 내지는 못하더라도 내 집 마련을 위한 대출은 큰 손해를 미치지 않는다는 말이다. 물론 집을 팔고 그 돈으로 더 큰 수익을 낼 수 있다면, 내 집을 산다는 것은 투자금을 묶어놓는 족쇄처럼 보일지도 모른다. 하지만 그렇게 만든 자금을 주식에 투자해 쪽박을 찼다는 말은 들었어도 큰 부자가 되었다는 말은 듣기 어렵다. 마찬가지로 부동산 부자는 쉽게 찾을 수 있지만, 주식 부자는 많이 볼 수 없다.

우리나라뿐만 아니라 세계적으로도 집값의 평균 그래프는 우상향하

서울 아파트 평균 매매가격 추이

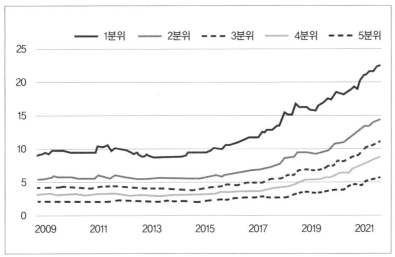

출처: KB국민은행, 유진투자증권

고 있다. 단기적으로는 집값이 낮아지고 때로는 폭락할 수도 있다. 하지만 시계열을 늘려보면 언제나 우상향하고 있다. 모두가 이 사실을 어렴풋이 알고 있으며, 안정적인 삶을 원하는 사람들의 제1목표는 언제나 집이었다. 따라서 물가 상승이나 인플레이션 같은 이유를 찾지 않아도 집은 꾸준히 우상향할 것이다.

또한 한번 집을 사면 부동산에 관심이 커지고, 그 관심으로 더 많은 정보를 찾는 선순환을 그릴 수 있다. 집을 빠르게 살수록 결과적으론 성공적인 투자가 될 확률이 높다. 하루에도 수십 번 무심코 지나치는 아파트 단지들을 다시 보게 된다. '왜 이 아파트는 우리 아파트보다 비쌀까? 왜 이 동은 로얄동일까? 왜 이 단지는 매매가와 전세가의 갭이 적을까? 내가 이 아파트로 오려면 얼마가 필요할까? 왜 다른 지역보다 좋은 지역일까?' 등 나의 일상에 투자를 녹이는 것이다.

이렇게 집을 산다는 경험은 자가 주거의 만족감과 매매시세 차익에 대한 수익, 그리고 부동산에 관한 생각과 경험을 쌓게 도와준다. 이제 월세와 매매의 차이는 단지 이자의 크기가 아닌, 엄청난 격차의 시발점이라는 걸 알 수 있을 것이다.

실수 없이 내 집을 마련하는
완벽 프로세스

대출 용어가 편해졌고 전세로 감을 잡았다면 이제는 내 집을 마련할 단계다. 이때 주로 사용하는 주택자금대출은 일반적으로 소유권 이전 3개월 이내에 받는 매매잔금대출과 소유권 이전 3개월 이후에 받는 자기담보권대출로 나뉜다. 그리고 매매잔금대출은 지역에 따라 비규제지역과 규제지역으로 나뉘며, 1교시 1장에서 설명한 LTV가 본격적으로 등장한다.

1교시에서 간단히 설명했지만, LTV를 다시 한번 설명하면 주택담보대출의 핵심이자 그 주택에 얼마만큼의 대출이 있는지를 평가하는 지수다. 10억 원짜리 주택을 담보로 기존 대출이 7억 원 있다면 LTV 70%, 기존 대출이 5억 원 있다면 LTV 50%인 셈이다. 매매잔금대출을 받을 때 무주택자는 비규제지역 LTV 70%, 규제지역 LTV 50%의 한도를 가진다. 다주택자라면 비규제지역 LTV 60%, 규제지역 LTV 30%가 최대한도다.

하지만 무조건 LTV의 최대한도만큼 대출받을 순 없다. 주택담보대출은 거액이 오가는 만큼 반드시 DSR을 이용해 소득을 확인하기 때문이다. 1금융권을 이용해 주택담보대출을 받을 때는 DSR 40% 이내의 소득요건을 충족해야 한다. 2금융권이나 보험사를 이용한다면 50%의 DSR만 만족해도 최대한도의 매매잔금대출이 가능하다.

한 가지 팁을 준다면 부동산 하락기에는 KB시세보다 실거래가가 낮을 때가 있다. 금융사 대부분은 KB시세를 기준으로 매매잔금대출의 LTV 최대한도를 계산하기 때문에, 높은 KB시세는 더 많은 대출로 이어져 내 투자금을 줄일 수 있다. 반대로 부동산 상승기에는 낮은 KB시세가 발목을 잡아 더 많은 투자금이 필요할 것이다.

TIP

① 실거래가보다 KB시세가 높다면 더 많은 대출이 가능해 투자금이 가장 적게 든다.

② 실거래가보다 KB시세가 낮다면 대출금이 줄어 투자금이 더 많이 필요하다.

③ 보험사에서 주택담보대출을 받으면, 미리 자필서명을 해두고 자서 시점과 기표 시점 중 금리가 낮은 쪽을 고를 수 있다.

그렇다면 위에 나열한 조건을 잘 외우고 서류를 준비하면 어떤 주택이든 대출을 받아낼 수 있을까? 대출 상담을 받는 고객들이 종종 저지르는 실수를 알아보자. 예를 들어 LTV가 50%인 지역에 10억 원짜리 주택이 있다고 가정하자. 그리고 이 주택에는 전세금 3억 원을 내고 들어온 임차인이 있다. 내가 이 집을 담보로 매매잔금대출을 시도(갭투자)

부동산 대출 수업

하면 한도는 얼마일까?

　제도를 자세히 모르는 고객들은 'LTV 50%니까 5억 원을 대출받을 수 있겠지? 그렇다면 전세보증금 3억 원에 내 돈 2억 원만 더하면 이 집을 살 수 있다'라고 생각한다. 하지만 이는 잘못된 생각이다. LTV에는 이미 전세보증금이 포함되어 있기 때문이다. 10억 원짜리 주택에 3억 원의 전세보증금이 있다면, LTV 50%인 5억 원에서 전세보증금 3억 원을 뺀 2억 원이 주택담보대출의 최대한도다. 따라서 5억 원의 자금이 필요하다. 이런 실수를 피하려면 3교시의 내용을 꼼꼼히 읽어두자.

부족한
매매잔금을 만드는 필살기,
신용대출과 무설정론

아무리 꼼꼼하게 계획을 세워도 문제는 종종 발생한다. 그런데 그런 일이 매매잔금일에 발생하면 어떨까? 이미 1금융권이나 보험사 등에서 최대한도의 LTV를 받았거나, 대출 막바지에 DSR이 충족되지 않아서 잔금이 부족하면 어떻게 문제를 해결할 수 있을까. 이럴 때는 신용대출과 무설정론이 해답이다.

앞서 다룬 것처럼 신용대출은 같은 금액의 대출을 받더라도 DSR 계산에서 불리하게 작용해 내 대출한도를 크게 깎아낸다. 하지만 최대한 주택담보대출을 받았어도 잔금일에 잔금 지불이 힘들거나 취·등록세나 공증비용 등 각종 비용이 부족하다면, 신용대출이 하나의 돌파구가 될 수 있다.

중요한 점은 신용대출은 DSR 한도를 점유하는 비중이 높아, 충분한 소득이 있어야 주택담보대출 이후 신용대출까지 받아낼 수 있다는 것이다. 만약 내 소득이 주택담보대출의 최대한도를 간신히 충족할 때 별

다른 고민 없이 신용대출을 받으면, 오히려 받기로 했던 주택담보대출의 한도가 줄어들 수 있다. 따라서 추가로 신용대출이 필요한 경우에는 철저한 DSR 계산이 필요하다.

신용대출은 어디서 받는지에 따라 크게 2가지로 나뉜다. 1금융권의 신용대출과 2금융권의 신용대출이다. 1금융권의 신용대출은 금리는 낮지만 2금융권보다 한도가 부족할 때가 많다. 상황에 따라서 최대한도가 필요하다면 조금 더 높은 이자를 감내하고 2금융권의 신용대출을 받는 것도 필요하다.

또 아파트나 주택 등 부동산 보유자들이 사용할 수 있는 필살기인 '무설정론'도 있다. 일반적인 신용대출은 본인의 연봉에 따라 최대한도가 결정되지만, 이 대출은 2금융권에서 내 신용과 부동산 자산을 함께 평가해 더 높은 한도를 받아내는 것이다. 취득하게 될 부동산 가치 평가를 함께 제출해 최대 2억 원까지 고액 대출이 가능하다.

무설정론의 다른 장점은 미리 서류를 준비해두면 빠르면 오전에 신청해 오후에 받는 당일 처리도 노릴 수 있으며, 사업장을 운영하는 일반사업자라면 사업자용 무설정론을 사용했을 때 DSR에 포함되지 않아 추가 한도를 얻을 수 있다는 것이다. 또한 금융사에 따라서는 일정 기간 이자만 내는 거치식 상환도 가능하며 기간은 최대 120개월 이내에서 자유롭게 설정할 수 있다.

뿐만 아니라 후순위대출에도 유용하다. 1교시 중 대출의 선후관계에서 살펴본 것처럼 만약 내 부동산에 전세 세입자가 있다면 후순위대출을 받을 때 반드시 그 세입자의 동의가 필요하다. 하지만 전세 사기 같은 문제가 불거지며 후순위대출을 받을 때 세입자의 동의를 받기가 어려워진 것이 사실이다. 그러나 무설정론은 이름 그대로 등기부에 설정이 되지 않는 '무설정'부 신용대출이기에 세입자의 동의가 필요하지 않다는 장점이 있다.

이런 이점은 58쪽, '내 집의 주인은 누구일까, 복잡한 소유권 완전 정복'에서 본 공동명의 부동산에도 똑같이 적용된다. 예를 들어 배우자와 공동명의인 부동산으로 일반적인 주택담보대출을 받으려면 공동명의자의 합의가 필요하다. 반면 무설정론은 대출자의 2금융권 신용대출이기에 공동명의자의 동의 없이 대출받을 수 있다.

다만 신용대출의 일종이기에 다소 높은 금리를 적용받는다는 것은 분명한 단점이다. 개인의 신용등급에 따라 최저 9% 이상의 금리를 적용받지만, 위에 적은 장점이 필요하거나 급하게 자금이 필요할 때 현명하게 사용하자.

단계별 정책상품 활용이
집 크기를 좌우한다

앞에서도 말했지만, 이용할 수만 있다면 정책상품을 이용하는 것이 가장 좋은 대출 방법이다. 이제는 전세를 넘어 본격적인 내 집을 마련하기 위한 정책상품들을 정리했다. 다소 복잡하고 어려워도 꼼꼼히 확인해두자.

1단계 청년주택드림

정부는 청년층의 내 집 마련 지원을 위해 '청년주택드림'이라는 이름의 대출과 청약통장을 발표했다. 이 정책은 기존의 청년우대정책과 다르게 조건과 방식 모두 혁신적인 변화를 보여주며 단순히 우대조건만 지원하던 과거와 다르게 자산 형성부터 내 집 마련, 가정 형성을 생애주기에 걸쳐 3단계로 지원한다.

청약저축 종류별 비교

	주택청약종합저축	(기존)청년우대형청약저축	청년주택드림청약통장
이자율	연 2.0%~2.8%	연 2.0%~4.3%	연 2.0%~4.5%
가입가능연령	제한 없음	19세~34세	19세~34세
현역장병	가입가능	가입불가능	가입가능
회당 납입한도	월 2만 원~50만 원	월 2만 원~50만 원	월 2만 원~100만 원
소득공제	가능	가능	가능
비과세	해당 없음	적용	적용
중도인출	불가능	불가능	가능(당첨 이후 계약금 납부 목적)
청약 당첨 후 추가납입	불가능	불가능	가능
분양대금 대출연계	해당 없음	해당 없음	청년주택드림대출 지원

1단계 '내 집 마련 준비할 때'에서는 기존 '청년우대형청약통장'이 '청년주택드림청약통장'으로 확대 개편된다. 이 통장은 소득요건도 5,000만 원으로 완화되었고, 무주택 세대주 조건도 무주택자로 완화되어 가입 적용 대상이 큰 폭으로 늘어났다. 저축 금리도 최대 연 4.5%로 상승해 기존 청약통장보다 유리하다.

때문에 향후 청약계획이 있고 위 조건에 부합하면 무조건 가입하는 것을 추천한다. 일반 주택청약통장이 있어도 은행에서 전환할 수 있으며, 만약 청년우대형청약통장에 가입해있었다면 자동으로 전환된다. 신청은 주택도시기금의 수탁은행(우리, 국민, 농협, 하나, 기업, 부산, 대구, 경남은행)에서 가능하다.

다만, 대상자라는 것을 확인할 다양한 서류도 필요하다. 청년임을 입증할 신분증부터 소득입증을 위한 직전년도 소득금액증명원 또는 원천징수영수증, 소득확인증명서, 무주택 확인용의 무주택확약서 등이 필요하다.

청년주택드림대출 지원 대상

나이	만 39세 이하 무주택자
소득	연소득 7,000만 원 이하 (미혼) / 1억 원 이하 (기혼)
주택	분양가 6억 원 이하(분양가의 80%까지 대출) / 전용면적 85㎡ 이하

2단계 '내 집 마련할 때'에서는 '청년주택드림대출'을 통해 분양가의 80%까지 최저금리 연 2.2%대로 최장 40년 동안 대출받을 수 있다. 시중의 주택담보대출 평균 금리가 5%대인 것을 고려하면 초장기, 초저금리의 대출상품이다.

3단계 '내 집 마련 후 가정이 생겼을 때'에서는 결혼, 출산, 다자녀 가정이 되었을 때 추가 금리 인하 혜택을 제공해 주거비 부담을 줄여주고 있다. 이 혜택은 결혼 시 0.1%p, 처음 출산 시 0.5%p, 추가 출산 시 1명당 0.2%p씩 금리를 인하해주며, 금리 하한선은 연 1.5%p까지 적용된다.

청년주택드림청약통장은 2024년 2월 21일에 출시되었으며, 청년주택드림대출은 2025년에 출시될 예정이다. 더 자세한 일정과 내용은 2024년 초 발표될 국토교통부 업무계획을 통해 확인할 수 있다. 자신이 이 조건들에 해당하는지, 그리고 어떻게 이 정책을 이용할 수 있을지 숙고해보자.

2단계 디딤돌 대출

디딤돌 대출은 주택도시기금이 제공하는 저금리 대출상품이자 일반적으로 주택구매자들이 가장 많이 이용하는 정책상품이다. 대출 조건은 순자산이 4억6,900만 원 이하(2024년 기준)여야 하고 부부합산 연소득은 6,000만 원 이하여야 한다. 단 생애최초로 주택을 구매하거나 2자녀 이상 가구는 연소득 7,000만 원까지, 신혼가구는 연소득 8,500만 원까지 신청할 수 있다.

또 중요한 요건은 내가 속한 세대의 세대원 모두 무주택자여야 한다는 점이다. 예를 들어 유주택자인 부모님의 집에 세대원으로 전입되어 있다면 비록 내가 주택을 소유하고 있지 않더라도 같은 세대원이나 세대주가 유주택자이기에 디딤돌 대출을 받을 수 없다. 이럴 때는 다른 곳에 월세 등으로 전입하여 무주택 세대주가 된 다음 대출을 신청하자.

대상 주택은 전용면적 85㎡ 이하, 5억 원 이하의 주택이지만 신혼가구 및 2자녀 이상인 가구는 6억 원 이하의 주택도 가능하다 여기서 신혼가구의 기준은 전세자금대출과 마찬가지로 혼인신고일 기준 혼인 기간 7년 이내 또는 3개월 이내에 결혼이 예정된 가구들이다.

대출한도는 LTV 70% 이내에서 최대 2억5,000만 원, 신혼가구 및 다자녀 가구는 최대 4억 원이다. 생애최초주택구입의 경우 LTV 80% 이내에서 최대 3억 원까지 받을 수 있다.

사실 LTV만 놓고 본다면 일반 주택담보대출과 다르지 않다. 하지만 이런 정책자금의 가장 큰 장점은 일반 주택담보대출에서 한도에 가장 큰 악영향을 끼치는 DSR을 보지 않는다는 점이다. 디딤돌 대출은 DSR 대신 DTI가 60% 안에만 들어오면 대출이 가능하다. 그러나 만 30세 이상 미혼인 단독세대주는 전용면적 60㎡(비수도권 읍면은 70㎡), 3억 원 이하인 주택에서 최대 1억5,000만 원(생애최초 2억 원)의 한도로 기존보다 축소되니 주의하자.

금리는 연 2.45%~3.55%로 일반 시중은행 금리보다 무려 1%p~2%p 가량 저렴하다. 대출을 알아볼 때 가장 먼저 디딤돌 대출을 받을 수 있는지 문의해야 하는 이유이기도 하다. 여기에 만약 청약저축에 5년 이상 가입했거나 한부모가구, 장애인, 다문화, 신혼, 생애최초주택구입 등 다양한 우대조건에 해당하면 증빙서류를 제출해 추가 금리 혜택을 받을 수 있다.

소득수준, 기간별 디딤돌 대출의 금리(고정금리 또는 5년 단위 변동금리(국토교통부 고시))

소득수준(부부합산 연소득)	10년	15년	20년	30년
~2,000만 원 이하	연 2.45%	연 2.55%	연 2.65%	연 2.70%
2,000만 원 초과~ 4,000만 원 이하	연 2.80%	연 2.90%	연 3.00%	연 3.05%
4,000만 원 초과~ 7,000만 원 이하	연 3.05%	연 3.15%	연 3.25%	연 3.30%
7,000만 원 초과~ 8,500만 원 이하	연 3.30%	연 3.40%	연 3.50%	연 3.55%

대출기간은 10년, 15년, 20년, 30년 중 선택이 가능하며 비거치 또는 1년거치 원리금균등분할상환, 원금균등분할상환, 체증식상환 중 하나를 선택해 고정금리 또는 5년 단위 변동금리 방식으로 갚아나갈 수 있다 단, 체증식상환의 경우 만 40세 미만의 근로소득자만 가능하고 고정금리만 선택할 수 있으니 주의하자.

이렇게 대출이 실행되고 나면 실행일로부터 1개월 이내에 전입해야 하며 1년간의 실거주 의무가 부여된다. 타당한 사유가 없이 전입하지 않으면 대출금이 회수될 수 있다.

3단계 보금자리론

가계부채 과다 등의 이유로 24년 1월 29일부로 특례보금자리론이 폐지되고 기존의 보금자리론이 재출시되었다. 이는 한국주택금융공사에서 취급하는 상품으로 디딤돌 대출보다 금리는 높지만, 주택의 가격이나 크기, 대출한도, 소득요건 등이 완화되어 더 넓은 대상에게 적용할 수 있다. 또 이번 개정에는 전세 사기 피해자를 위한 우대조건이 대폭 추가되었다는 것이 특징이다.

우선 소득은 부부합산기준 연소득 7,000만 원 이하여야 대출받을 수 있다. 하지만 신혼가구는 8,500만 원, 1자녀 가구는 8,000만 원, 2자녀는 9,000만 원, 3자녀 이상은 연소득 1억 원 이하까지 기준이 완화된다. 또, 전세 사기 피해자는 소득 자체를 확인하지 않는다는 강력한 혜택을 받았다.

일시적 2주택과 전입에 너그럽다는 추가 장점도 있다. 2022년 9월부로 실거주 의무가 폐지되어 대출받을 때 전입할 필요도 없으며, 이전 주택에 전입되어 있거나 이미 한 채를 소유하고 있어도 대출이 승인되기 때문이다. 다만 대출 후 다른 곳에 전입하거나 가지고 있는 주택을 3년 이내 처분한다는 조건에 동의해야 한다.

그리고 보금자리론을 신청할 수 있는 담보주택의 가격 상한선은 평가액 6억 원 이하다. 만약 〈KB부동산〉의 시세, 감정평가액, 매매가액 중 어느 하나라도 이 금액을 초과하면 대출을 받을 수 없다. 하지만 보금자리론은 디딤돌 대출과 달리 전용면적 제한이 없어 저렴한 대형평형을 노릴 수 있다는 장점이 있다.

대출한도는 LTV 70% 이내에서 최대 3억6,000만 원이며, 다자녀 가구나 전세 사기 피해자의 한도는 최대 4억 원, 생애 최초로 주택을 구매하는 경우 4억2,000만 원까지 가능하다. 단, 아파트 외 연립, 다세대, 단독주택 등은 LTV 65%까지만 인정되고, 오피스텔과 근린생활시설 같은 비주택이라면 신청 자체가 불가능하니 유의하자.

만약 주택을 구매하는 지역이 조정지역이라면 LTV 한도가 추가로 10% 낮아진다. 하지만 생애최초 주택구입자, 전세 사기 피해자, 실수요자(구매하는 주택의 가격이 6억 원 이하거나 부부합산 소득 연 7,000만 원 이하)에 해당하면 한도가 낮아지지 않는다.

금리는 연 4.2%~4.5%이지만 저소득청년은 0.1%p, 신혼가구는 0.2%p, 한부모가구나 장애인, 다문화 다자녀 가구 같은 사회배려층에게는 무려 0.7%p의 금리를 우대해준다. 만약 위의 항목 중 자신이 해당하는 사항이 있다면 증빙서류를 제출해 저금리로 대출받자.

만약 위의 우대금리 대상에 해당하지 않는다면 '아낌e보금자리론'을 이용하자. 온라인으로 서류를 제출하고 약정을 마치면 0.1%p의 금리 우대를 받을 수 있다. 혜택에 비하면 서류의 준비나 인터넷 약정이 어렵지 않으니 알아보는 것을 추천한다.

마지막은 만기와 상환방식이다. 보금자리론의 만기는 10년, 15년, 20년, 30년, 40년, 50년으로 구성되어 있다. 단, 40년 만기 상품은 만 39세 이하 또는 만 49세 이하 신혼가구만 신청할 수 있고, 50년 만기 상품은 만 34세 이하 또는 만 39세 이하 신혼가구여야 한다. 만약 장기상환을 원하는 경우 자신이 위 조건에 적합한지 따져보아야 한다.

상환방식은 디딤돌 대출처럼 원리금균등분할상환, 원금균등분할상환, 체증식상환이 가능하다. 하지만 디딤돌 대출과 달리 1년 거치는 불가능하다. 체증식상환의 경우 만 39세 이하 채무자 중 공사가 사전에 심사한 경우만 대출받을 수 있으며, 최대만기가 40년까지다.

여담으로, 디딤돌 대출과 보금자리론은 비슷한 자격요건을 공유하는 만큼, 대출을 받을 때 두 정책상품에 모두 해당하는 경우가 있다. 이때 디딤돌 대출의 한도가 부족하다고 생각하고 보금자리론만 받는 사람이 많은데, 큰 손해라고 말하고 싶다. 두 상품은 별개로 취급되기 때문이다.

더 낮은 금리의 디딤돌 대출로 최대한 대출받은 다음, 등기에 기록되는 채권최고액을 제외한 남은 한도를 보금자리론으로 대출받으면 이자 부담을 크게 덜 수 있다. 5억 원짜리 주택을 생애최초로 구매하는 경우를 시뮬레이션해서 알아보자.

디딤돌 대출의 최고한도인 3억 원을 대출받고, 금융기관이 110%로 설정한 채권최고액 3억3,000만 원이 등기부등본에 적혔다고 가정하자. 이때 잔금을 치를 여유자금이 부족하면 보금자리론의 최대한도인 4억 원(LTV 80%)에서 채권최고액을 제하고 최대 7,000만 원까지 대출받을 수 있을 것이다.

이러면 가장 지분이 큰 3억 원은 디딤돌 대출의 저렴한 금리로 이용하고 7,000만 원만 보금자리론의 금리를 적용받을 수 있다. 3억7,000만 원을 모두 보금자리론으로 받는 것보다 최대 1%p 더 저렴한 금리를 이용할 수 있는 것이다. 자신이 디딤돌 대출과 보금자리론을 모두 이용할 수 있다면 적극적으로 이용하자.

4단계 신생아 특례 디딤돌 대출

23년 1월 1일 이후 아이를 출산했거나 출산 예정인 가구가 주택을 구매한다면 무조건 신생아 특례 디딤돌 대출을 알아보자. 최저 1%대의 금리로 대출을 받을 수 있다. 파격적인 금리만큼 조건도 까다롭다. 우선 부부합산 소득이 2억 원 이하이며 순자산이 4억6,900만 원 이하, 2년 내 출산한 가구여야 한다. 사실상 2023년 1월 1일 이후 출산한 가구만 해당하는 것이다.

금리만 혜택을 입는 것이 아니다. 디딤돌 대출과 다르게 무주택일 필요도 없으며 기존에 받았던 대출을 신생아 특례 디딤돌 대출로 대환하는 것도 가능하다. 하지만 모든 대출을 대환할 수 있는 것은 아니다. 소유권이전등기 후 3개월 이내 받은 대출만 해당한다. 즉, 주택구입자금 용도인 대출만 대환이 가능하니 유의하자.

대출 대상 주택 또한 전용면적 85m^2 이하(읍면의 경우 100m^2), 9억 원 이하 주택으로 다른 정책상품들에 비해 대폭 완화되었다. 대출한도도 LTV 70%, 생애최초라면 80% 이내로 최대 5억 원을 대출받을 수 있으며, 특히 금리는 위에서 설명한 것처럼 연 1.6%~3.3%로 현존하는 대출 정책상품 중 가장 낮은 수준의 금리를 자랑한다.

소득수준, 기간별 신생아 특례 디딤돌 대출의 금리

소득수준(부부합산 연소득)	10년	15년	20년	30년
~2,000만 원 이하	연 1.60%	연 1.70%	연 1.80%	연 1.85%
2,000만 원 초과~ 4,000만 원 이하	연 1.95%	연 2.05%	연 2.15%	연 2.20%
4,000만 원 초과~ 6,000만 원 이하	연 2.20%	연 2.30%	연 2.40%	연 2.45%
6,000만 원 초과~ 8,500만 원 이하	연 2.45%	연 2.55%	연 2.65%	연 2.70%
8,500만 원 초과~ 1억 원 이하	연 2.70%	연 2.80%	연 2.90%	연 3.00%
1억 원 초과~ 1억3,000만 원 이하	연 3.00%	연 3.10%	연 3.20%	연 3.30%

단, 만기까지 이 금리가 유지되는 것은 아니다. 5년간만 특례금리로서 적용된다. 그 기간이 지나면 부부의 합산소득이 8,500만 원 이하일 때 0.55%p의 금리가 더해지며, 합산소득이 8,500만 원을 초과하면 시중은행의 주택담보대출 중 최저수준의 금리가 적용된다. 가산된 이후에는 별다른 변동 없이 고정금리로 만기까지 유지된다.

하지만 대출 후 2년 이내 다른 자녀를 출산하면 1명당 0.2%p의 금리가 인하되며 대출 기한도 5년씩 늘어나 최장 15년간 유지된다. 추가 출산이 아니더라도 청약저축에 5년 이상 가입했다면 대출받을 때 금리가 0.3%p 낮아지며, 신규 분양 아파트의 입주자금을 대출받는 경우

0.1%p의 금리 혜택을 받으니 참고하자. 단, 이 혜택들은 중복으로 적용받을 수 있지만 최대 1.2%p까지만 금리를 낮출 수 있다.

만기와 상환방식, 전입 등의 조건은 일반 디딤돌 대출과 같으므로 생략한다.

예비 1주택자를 위한 정책상품 비교

	디딤돌 대출	보금자리론	신생아 특례 디딤돌 대출
대출조건	부부합산 연소득 6,000만 원 이하 무주택 세대주 (생애최초, 2자녀 이상 가구 7,000만 원, 신혼가구 8,500만 원), 순자산 4억6,900만 원 이하	부부합산 연소득 7,000만 원 이하 (신혼가구 8,500만 원, 1자녀 8,000만 원, 2자녀 9,000만 원, 다자녀 1억 원 이하, 전세 사기 피해자는 소득무관)	부부합산 연소득 2억 원, 순자산 4억6,900만 원 이하인 2년 내 신생아 출산 가구
대상주택	전용면적 85㎡ 이하인 (비수도권 읍면 100㎡) 5억 원 이하 주택 (신혼 및 2자녀 이상 가구 6억 원 이하)	6억 원 이하 주택	전용면적 85㎡ 이하인 (비수도권 읍면 100㎡) 9억 원 이하 주택
대출한도	LTV 70% 이내에서 (생애최초 80%) 최대 2억5,000만 원 (생애최초 3억 원, 신혼 및 2자녀 이상 가구 4억 원)	LTV 70% 이내에서 (아파트 외 주택 65%) 최대 3억6,000만 원 (다자녀 가구, 전세 사기 피해자 4억 원, 생애최초 4억 2,000만 원)	LTV 70% 이내 (생애최초 80%) 최대 5억 원
금리	연 2.45%~3.55%	연 4.20%~4.50%	연 1.6%~연 3.3%
대출기한	10년~30년	10년~50년	10년~30년

정부 공인 꿀 입지를 얻는 대출의 비밀

정부는 부동산 가격이 폭등하는 시기에 부동산 가격 상승 억제를 위해 수많은 대출 규제를 내놓는다. 2020년부터 2021년 사이 서울 전 지역과 경기도 일부, 변동 폭에 따라 지방까지 순차적으로 투기지역이나 투기과열지구 등 규제지역으로 지정되었으며, 주택 수에 따른 취·등록세와 양도세도 크게 올려 투기수요를 막고자 하였다.

한차례의 큰 부동산 상승기가 끝나고 현재는 어느 정도 부동산 금액이 안정되었고, 2024년 현재 투기지역과 투기과열지구, 조정대상지역, 분양가상한제 적용지역 등 수많은 부동산 규제를 모두 적용받는 곳은 강남구, 서초구, 송파구, 용산구 단 '4곳'이다. 바꿔서 생각하면 이 지역은 정부가 나라에서 가장 좋은 입지라고 인정하는 곳이며, 과열된 투자를 막기 위해 투기지역으로 지정된 것이다.

규제지역의 주택을 산다면 1주택자는 50%, 다주택자는 30%의 LTV 한도까지 대출이 가능하다. 위의 네 곳을 제외한 서울 전역은 비규제지역으로, 무주택자와 1주택자는 LTV 70%, 다주택자는 LTV 60%까지 매매잔금대출을 받을 수 있다.

하지만 이런 복잡한 규제에도 불구하고, 생애최초로 주택을 구매하는 경우 규제지역의 주택을 구매할 수 있다. 최대 6억 원 이내, 지역과 무관하게 80%의 LTV 한도를 가진다. 또 나이와 주택의 가격, 소득의 제한도 없다. 단 총대출금액이 1억 원을 넘어가면 1금융권의 DSR 40%, 2금융권의 DSR 50% 등 기본적인 소득요건을 그대로 충족해야 하니 주의하자.

생애최초 주택구매자 LTV 제도개선 전후

	현행	개선
요건	생애최초+이외 무주택자 (연령제한 없음)	생애최초 (연령제한 없음)
주택가격	투기·투기과열지역 9억 원 이하, 조정대상지역 8억 원 이하	제한 없음
소득(부부합산)	생애최초 1억 원 미만, 일반 무주택자 9,000만 원 이하	제한 없음
LTV	투기·투기과열지역: 60%(~6억 원), 50%(6억~9억 원) 조정대상지역: 70%(~5억 원), 60%(5억~8억 원) 기타지역: 70%	80%
DTI	60% 이하	현행유지
DSR	(총대출금액 1억 원 초과 시) 1금융권 40%, 2금융권 50% 이하	현행유지
대출한도	4억 원	6억 원

많은 장점이 있지만, 가장 주목할 것은 주택 가격의 제한이다. 투기 지역이나 시세 15억 원 이상의 초고가 아파트라도 대출받을 수 있고, 전입의 의무도 없으니 세입자를 끼고 매수해도 대출받을 수 있다. 이를 잘 활용하면 세입자의 전세보증금과 생애최초대출을 엮어 초고가 아파트를 손에 넣을 수 있다.

구체적으로 알아보자. 20억 원짜리 주택의 평균 전세가가 10억 원일 때, 대출한도는 주택 시세에 LTV 한도를 곱한 16억 원(20억 원 × LTV 80% = 16억 원)이다. 전세보증금 10억 원을 받으면 선순위대출처럼 취급되기 때문에 남은 한도는 16억 원에 전세보증금 10억 원을 제외한 6억 원일 것이다.

이때 생애최초로 집을 구매하는 사람의 장점이 드러난다. DSR 소득 요건만 충족하면 이 금액을 모두 받을 수 있기 때문이다. 자기자본금 4억 원과 10억 원의 전세보증금, 생애최초대출 6억 원을 활용해 20억 원짜리 아파트를 매수할 수 있는 것이다.

이렇듯 대출을 알고 레버리지로 삼으면 내 자본보다 큰 자산을 구매할 수 있다. 하지만 레버리지를 이용하는 만큼 부동산 가격의 하락이나 이자를 감당하지 못하면 큰 손해를 볼 수 있다. 본인의 상황에 맞는 최적의 대출상품을 찾고 대출을 활용하자.

부족한 한도를 만드는 대출의 마법, 동시대환

매매잔금을 치를 때는 1교시 2장에서 알아본 DSR을 완벽하게 이해하고 있어야 한다. 다른 조건을 만족했어도 DSR을 간과하다 대출에 실패하는 경우를 종종 봐왔기 때문이다. 스트레스 DSR이라는 새로운 규제도 생겨났으며, 내가 가지고 있는 모든 부채를 계산해서 대출한도를 정해주니 미리 준비할 필요가 있다.

DSR의 특징은 똑같은 양의 부채더라도 그 성질에 따라서 DSR 값이 크게 바뀐다는 것이다. 예를 들면 주택담보대출로 빌린 1억 원과 신용대출로 빌린 1억 원이 미치는 영향은 천지 차이다. 주택담보대출은 대출 기간을 최저 10년에서 최장 50년까지 설정할 수 있어 DSR 값이 낮게 평가되는 반면, 신용대출은 최대한으로 설정한 대출 기간이 10년에 불과하다. 신용대출의 최장기간이 주택담보대출의 최저기간과 같은 것이다. 따라서 같은 1억 원을 대출받더라도 DSR 값이 굉장히 높게 평가된다.

사실, 신용대출의 대출 기간을 10년으로 설정하기도 굉장히 어렵다. 자신의 소득이나 신용등급, 부채 내역, 부동산 소유 여부 같은 다양한 항목을 모두 만족해야 10년 만기 상품에 접근할 수 있다. 이 정도의 조건을 만족한다면 주택담보대출을 받는 것에도 문제가 없을 것이다.

각설하고, 신용대출의 경우 같은 금액이라도 DSR을 주택담보대출의 4배~6배로(금리 및 조건에 따라 차등 적용) 크게 차지한다. 또한 마이너스 통장은 실사용 금액이 적거나 없더라도 마이너스 통장의 모든 한도가 전부 DSR로 잡힌다. 따라서 마이너스 통장을 없애거나 한도를 줄이면 DSR 요건에 도움이 된다.

하지만 이미 신용대출이나 주택담보대출이 많아 DSR이 60%를 넘었다면 어떨까? 매매잔금을 치러야 하는데 추가 대출이 힘들다면 계약을 포기해야 할까? 그럴 때는 신용대출 동시대환이라는 방법이 있다. 위에서 말한 것처럼 신용대출이 DSR을 크게 차지하고 있다면 신용대출을 갚고 DSR 값을 낮춰 추가 한도를 만드는 방법이다. 예시를 통해 알아보자.

현재 DSR 값이 60%고 1억 원의 신용대출이 있다고 가정하자. 이미 DSR이 50%가 넘어 1금융권과 2금융권 모두 대출이 불가능하다. 1억 원을 갚을 수 있다면 DSR이 40%까지 줄어들겠지만, 현실적으로 1억 원의 현금을 가지고 있을 확률도 희박하다. 매매잔금을 위해 추가 대출을 받는 것이기 때문이다. 바로 이럴 때 신용대출 동시대환을 사용하는 것이다.

기존의 신용대출이 사라지면 DSR에 여유가 생기고, 여유가 생긴 DSR을 이용해 1억 5,000만 원을 대출받는 것이다. 여기서 1억 원은 신용대출을 동시대환해야 하지만, 고금리의 기존 대출 1억 원을 갚으면서 차익 부분인 5,000만 원을 사용할 수 있다. 정리하면 1억 5,000만 원을 대출받으며 1억 원은 신용대출을 상환하고, 동시에 DSR이 낮아진 만큼 5,000만 원의 가용자금을 만들 수 있다.

다만, 모든 상황에서 사용할 수 있는 마법은 아니다. 다주택자가 전세퇴거자금을 융통하는 용도로는 사용이 힘들기 때문이다. 4교시와 5교시에서 더 자세히 다루겠지만 잠시 짚고 넘어가자. 기존주택에 주택담보대출이 있고 연소득이 1억 원인 다주택자가 두 번째 주택을 담보로 동시대환을 받을 수 있을까?

이 경우 추가 주택담보대출은 나오지 않는다. 각기 다른 주택에 주택담보대출이 있다면 DSR에서 다중담보로 가중치를 부여하기 때문이다. 3억 원의 주택담보대출을 받은 기존주택 때문에 두 번째 주택의 전세퇴거 시에는 기대했던 것보다 현저하게 낮은 한도만 남을 것이다. 따라서 다주택자라면 전세 퇴거를 진행할 때 DSR 다중담보 가중치를 사전에 파악하고 소득요건을 준비하는 것이 중요하다.

최근 신용대출의 금리가 크게 올랐다. 또 현금서비스를 사용했다면 아마 10% 이상의 금리를 감당하고 있을 것이다. 이런 경우 신용대출 동시대환을 이용해 더 낮은 금리로 갈아타며 여유자금도 만들어 보자.

청약과 분양권, 중도금부터 잔금까지 끝내는 프로세스

　부동산에 크게 관심이 없었더라도 청약통장의 중요성은 알음알음 들었을 것이다. 좋은 입지의 부동산을 합리적인 가격으로 매입할 수 있고, 실제로 인기가 많았던 무순위 아파트 청약은 로또에 비견될 정도였다. 내 집 마련의 문턱도 비교적 쉽게 넘을 수 있어 그만큼 많은 사람이 궁금해하는 내용이기도 하다.

　하지만 분양을 신청할 때 높은 금액의 분양가가 먼저 눈에 들어온다. 수억 원을 넘나드는 분양가를 보면 내 돈이 적어도 절반은 필요하지 않을까 하는 생각이 들 것이다. 하지만 중도금대출과 잔금대출을 잘 이용하면 분양가의 10%만 가지고도 잔금을 치르며 계약을 마칠 수 있다. 청약에 당첨되었을 때 대출을 활용하는 방법을 알아보자.

　다음의 그림은 청약 당첨 후 필요한 자금과 단계를 그린 것이다. 먼저 청약에 당첨되면 발표일 기준 한 달 내로 분양가의 10%에 해당하

청약 당첨 후 자금 흐름 예시

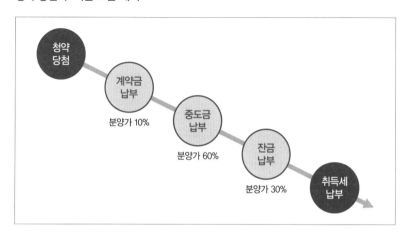

는 계약금을 내야 한다. 이후 24개월에서 36개월 동안 여섯 번에 걸쳐 중도금을 납부한다. 보통 5개월, 6개월에 한 번씩 납부한다. 마지막으로 2개월~3개월의 입주기간 동안 내게 적합한 금융사의 대출을 받아 잔금과 취·등록세를 납부하면 모든 과정이 끝난다. 하나하나 단계별로 살펴보자.

청약에 당첨되었다면 계약금을 납부해야 하지만, 이때는 대출받을 수 없어 순수한 자기자본이 필요하다. 한 번에 분양가의 10%를 요구할 때도 있고, 두 번으로 나눠서 낼 때도 있다. 이 경우는 분양사가 지정한 1차 계약금을 낸 뒤 2차로 나머지 차액을 내는 식이다. 계약금을 낼 돈이 부족하다면 신용대출을 사용할 수 있지만, 지금부터 신용점수 등을 관리하는 것이 좋기에 되도록 지양했으면 한다.

다음은 중도금 납부와 대출이다. 중도금 납부는 위에서 설명한 것처럼, 분양가의 10%씩 총 6회 납부한다. 한 가지 팁은 중도금이 부족하거나 규제지역의 주택이라 중도금대출이 50%만 나왔다면 마지막 6회차에 한해 한 번 연체해도 무방하다. 가산이자가 붙을 수 있지만 3회 이상의 연체가 아니라면 계약이 해지되지는 않기 때문이다. 최종 잔금을 납부할 때 중도금을 같이 낼 수 있다면 아무런 문제가 되지 않는다.

중도금은 납부 기간이 긴 만큼 특이사항도 있다. 만약 분양이 원활하지 않은 아파트 단지라면 시행사에서 중도금의 이자를 대신 내주기도 한다. 또 이자를 내지 않고 있다가 잔금을 납부할 때 중도금의 이자까지 한꺼번에 정산하는 방법인 이자후불제도 있다. 최근 금리의 수준을 생각하면 중도금의 이자도 생각보다 크게 나올 수 있어 미리 계산해 보길 바란다.

마지막은 잔금 납부와 대출이다. 잔금을 납부할 때는 보통 중도금을 상환하며 재대출을 받는다. '이미 중도금을 대출받았는데 잔금만 대출받으면 되는 것 아닌가?'라고 생각할 수 있다. 하지만 중도금대출과 잔금대출의 구조 속에 그 비밀이 있다.

중도금대출은 **분양가를 기준**으로 대출이 나오지만, 잔금대출은 **〈KB부동산〉의 시세와 감정가를 기준**으로 대출을 받을 수 있다. 〈KB부동산〉 시세나 감정가가 높게 책정된다면 잔금대출만으로 분양 과정의 비용을 충족할 수 있다. 이런 경우 오히려 자비로 낸 계약금을 회수하면서 잔금 납부를 마무리하게 된다. 이해되지 않는다면 다음 예시를 읽어 보자.

비규제지역의 분양가 5억 원짜리 아파트에 7억 원이라는 감정가가 나왔다고 가정하자. 만약 무주택자라면 감정가의 70%까지 대출받을 수 있어 4억 9,000만 원을 얻게 된다. 분양가가 5억 원이었기에 계약금은 5,000만 원, 중도금은 3억 원에 이자가 추가되었을 것이다. 그렇다면 중도금대출과 이자를 상환하더라도 이미 지급한 계약금과 잔금대출의 총합만으로 분양가를 넘어서게 된다. 오히려 선납한 계약금 5,000만 원에서 차액 4,000만 원을 돌려받으며 잔금 납부를 마치는 것이다.

물론 이런 사례는 부동산 호황기거나 좋은 입지여서 감정가가 높게 평가된 경우다. 만약 아파트 가격이 하락하는 시기나 뜻밖의 악재로 〈KB부동산〉 시세나 감정가가 낮게 평가되면 잔금대출이 부족하게 나와 오히려 내 돈이 더 들어갈 수도 있다.

이렇게 시장의 상황에 따라 예상하지 못한 추가 지출이 생기는 경우가 하나 더 있다. **만약 청약 당첨 후 중도금 납부 과정에서 자금 여유가 있다면 대출을 받을 것인가?** 어차피 여유자금인데 중도금대출의 이자라도 아끼는 것이 좋지 않을까? 나를 찾아온 고객이 고민했던 내용이다. 그리고 실제로 자신의 저축을 사용하여 중도금을 납부했다.

하지만 급한 사정이 생겨 분양권 전매시장에 자신의 분양권을 내놓았고 이때 예상치 못한 어려움과 직면했다. 모든 중도금을 자기자본으로 납부했기에 실투자금이 많았고 분양권을 높은 가격에 내놓을 수밖에 없던 것이다. 시장에서는 중도금대출을 활용한 분양권이 실투자금이 낮아 더 매력적인 조건으로 인식되고 있었다. 결과적으로, 고객의 분양권은 시장을 전전하다 더 낮은 가격에 팔 수밖에 없었다.

분명히 중도금대출은 이자를 내야 한다. 하지만 한편으론 분양권 전매 시장에서 판매 경쟁력을 높여주기도 한다. 이 사례를 통해 분양권 전매에서 중도금대출의 활용으로 얻을 수 있는 이점과 그 중요성을 알 수 있을 것이다. 대출은 무조건 안 좋은 것이라는 인식에서 벗어나 대출의 효용성을 이해했다면, 이자를 통해 실투자금을 최소화하고 분양권 전매 시 유리한 경쟁력을 갖출 수 있었을 것이다.

따라서 가장 중요한 것은 책의 모든 부분에서 강조한 것처럼 내가 받을 대출을 정확하게 계산하고, 미리 파악하는 것이다. 그래야 내가 필요한 최대한도를 받아내고, 취·등록세나 법무사 비용, 중도금대출의 이자 등을 잔금 납부와 함께 깔끔하게 처리할 수 있다.

대출이 쉬워지는
사이트 & 앱 사용법

부동산 구매, 특히 아파트 구매는 많은 사람들에게 중요한 결정 중 하나다. 하지만 경험이 부족한데 복잡한 계약과 법이 만드는 다양한 비용과 세금을 모두 이해하고 계산하기는 힘들다. 이때 부동산 계약을 도와주는 사이트들을 활용하면 여러 가지 문제를 쉽게 풀어나갈 수 있다. 이번 장에서는 아파트 구매 시 이용할 다양한 사이트와 앱을 알아보자.

복잡한 세금을 클릭 한 번으로, 〈부동산계산기〉 활용법

〈부동산계산기〉는 단순 조작으로 부동산과 관련된 모든 비용과 세금을 계산할 수 있는 사이트다. 취득세나 지방교육세, 등기 비용 같은 세금부터 임대수익률, 중개수수료, 대출이자 등 투자와 금융에 필요한 계산도 지원하고 있다. 이를 잘만 이용하면 부동산 매매 과정을 미리

〈부동산계산기〉의 메인화면

출처: 부동산계산기

계획하고, 필요한 비용도 알 수 있다. 핸드폰 앱으로도 나와 있어 언제든 빠르게 접근할 수 있는 것도 강점이다.

예를 들어, 서울에서 취득가액 6억 원, 시가 표준액 4억 원인 아파트를 구매한다고 가정하자. 이때 필요한 비용을 〈부동산계산기〉를 활용해 계산해보자. 다음 그림은 위의 예시를 실제로 계산한 것이다.

〈부동산계산기〉를 이용한 세금 및 잡비 계산

계산 결과 ☑ 순번

계산서 1 🔢 📑

#	적요	값	비고
1	금액	600,000,000	입력값
2	시가표준액	400,000,000	입력값
3	취득세율	1%	6억 이하 주택 취득세 1%
4	지방교육세율	0.1%	유상취득, 취득세의 10%
5	**취득세 합계**	**6,600,000**	**취득세 + 지방교육세**
6	채권매입금액	10,400,000	(서울·광역시) 시가표준액 * 0.026
7	**채권할인료**	**1,159,808**	**매입금액 × 11.15200**
8	법무사 등기 보수	604,000	10억원 이하, 534,000 + 5억원 초과액의 0.07%
9	보수 부가세	60,400	부가가치세 10% 부과
10	등기·신고 대행	40,000	1건당 기준 대행료
11	세금 신고·납부 대행	40,000	1건당 기준 대행료
12	채권매입(할인) 대행	40,000	1건당 기준 대행료
13	법무사 일당	70,000	4시간 이내 7만원, 초과 시 15만원
14	법무사 교통실비	50,000	법무사무소 소재지에 따라 5~10만원
15	**보수액 소계**	**904,400**	**법무사보수 + 대행료 + 일당·교통비**
16	수입증지	15,000	등기 행정 수수료
17	수입인지	150,000	1억원 초과 10억원 이하
18	**공과금 소계**	**165,000**	**증지대 및 수입인지**
19	**총계**	**8,829,208**	**등기비용 총계**

출처: 부동산계산기

취득세: 600만 원

지방교육세: 60만 원

국민주택채권할인료: 약 116만 원

법무사보수액 소계: 약 90만 원

공과금 소계: 약 16만 원

총합계: 약 883만 원

단순히 내가 원하는 조건을 입력하고 계산만 눌렀을 뿐인데 복잡한 세금과 잡비가 계산되었다. 특히 생애최초 주택구입자의 취득세 감면처럼 다소 복잡한 세무 문제거나 정책에 따라 빠르게 바뀌는 항목이 눈에 띈다. 최대 200만 원까지 감면받을 수 있어 이 부분도 본인이 생애최초 주택구매자에 해당한다면 주의 깊게 확인하자.

이외에도 보유세나 양도세, 증여상속세와 법무사의 수수료나 등기비용 등 다양한 비용과 세금의 근사치를 제공한다. 이렇게 부동산 구매과정에서 발생하는 다양한 비용을 〈부동산계산기〉를 통해 미리 정확히 이해하고 계획해두자.

〈부동산계산기〉가 제공하는 DSR 계산

연소득 ❷	충빙 가능 소득	만원		
◆ 본건을 포함, 가지고 계신 모든 대출을 입력하세요.				
종류	대출금	대출기간	금리	추가 ➕
주담대 ▾ 원금균등 ▾	총액 0 만원 잔액 0 만원 만기 0 만원	총 0 개월 잔여 0 개월 거치 0 개월	0.0 %	삭제 ➖
DSR 계산 ✅ 기록				

대출에 있어서 가장 중요한 DSR 계산도 해볼 수 있다. 대출에 있어서 DSR의 중요성은 몇 번을 강조해도 부족하지 않다. 대출총액과 잔액, 대출기한과 거치기간, 금리 등 내가 이용하고 있는 기존 대출의 정보를 입력해 내 DSR 상태를 확인하거나, 추가로 주택을 구매할 때 DSR

요건을 충족하는지 미리 알 수 있다. 이러한 본인의 대출에 대한 다양한 이해를 바탕으로 자금조달계획을 여러 방향으로 준비해두면, 좋은 부동산이 나왔을 때 놓치지 않고 기회를 잡을 수 있을 것이다.

집에서 끝내는 임장, 손품을 위한 〈호갱노노〉

1교시 '시세를 잘 찾아야 거래도 빨라진다'에서 〈KB부동산〉과 〈부동산테크〉를 소개했다. 위의 두 경로로도 시세나 그 단지의 자세한 정보를 알 수 있지만, 이번에는 부동산에 관심이 있는 투자자들이 애용하는 대표적인 부동산 앱인 〈호갱노노〉의 활용법을 알아보자.

주택 매수를 고민하고 있다면 어느 지역의 어떤 부동산을 매수할지, 그리고 그 부동산의 시세 흐름이나 미래의 호재 등 다양한 고민과 궁금증이 있을 것이다. 과거에는 부동산에 관한 정보공유가 어려워 개인이 알아낸 정보는 조각조각 흩어져 있었다. 하지만 빅데이터와 프롭테크가 발전하며 내가 실제로 매물을 확인하러 뛰어다니는 임장 대신 온라인으로 자료를 조사하는 손품만으로 쉽고 빠르게 원하는 다양한 정보를 얻을 수 있다.

〈호갱노노〉는 투자자들이 애용하는 만큼 인구의 변동이나 주택의 공급량, 출퇴근 인구, 학원가, 직장인들의 평균 연봉 같은 세밀한 정보까지 제공한다. 이런 입지 분석을 통해 임장을 100% 대체할 수 없지만, 적어도 어느 지역으로 임장을 가면 좋겠다는 판단을 도울 수 있다. 내 소중한 시간을 아끼고, 최적의 동선을 계획하는 데 사용하자.

먼저 앱이나 홈페이지를 통해 〈호갱노노〉에 접속하자.

〈호갱노노〉의 검색화면

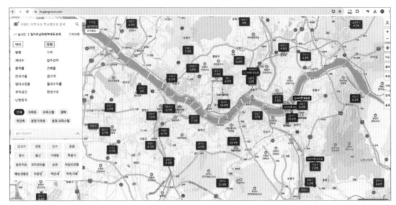

출처: 호갱노노

여기서 〈호갱노노〉가 제공하는 평형, 가격, 세대수, 입주년차, 전세가율, 갭 등 다양한 필터를 사용해 내가 원하는 유형의 부동산만 추려서 볼 수 있다. 또 같은 지역을 확인하고 있는 사람들의 숫자를 제공한다. 어느 지역이 투자자들의 관심을 얻고 있는지, 아니면 어느 지역이 관심에서 잠시 벗어난 블루오션이 되었는지 알 수 있다.

개인적인 팁이라면 시간대별로 관심이 쏠리는 지역을 정리하는 것이다. 직장인들이 관심을 가지는 지역은 점심시간이나 퇴근 이후에 조회가 급증하며, 전문적인 투자자 등은 자정 직후에 자신이 원하는 지역을 확인한다. 직장인들이 원하는 투자처나 저평가된 지역의 실마리를 얻을 수 있다.

위에서도 짧게 설명했지만, 〈호갱노노〉를 잘 활용하면 임장에 들어가는 시간을 크게 줄일 수 있다. 퇴근 후 짧게 손품을 들이면 자신이 갈 지역을 미리 분석하고 빠르게 임장을 마칠 수 있어 주말만 간신히

〈호갱노노〉가 제공하는 분석 예시

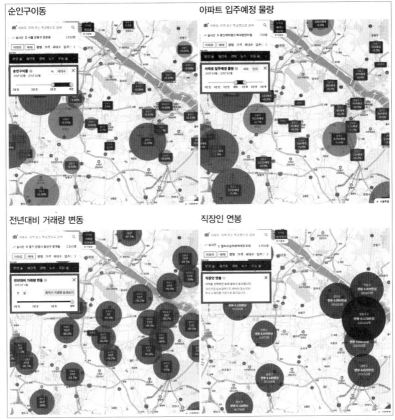

순인구이동

아파트 입주예정 물량

전년대비 거래량 변동

직장인 연봉

출처: 호갱노노

시간을 내는 직장인들의 최고의 친구라고 볼 수 있다.

또 공인중개사의 호감을 살 수 있다는 장점도 있다. 인기 지역의 공인중개사는 주말에 밀어닥치는 직장인 투자자들을 선호하지 않는다. 명확한 기준을 세우지 않고 찾아오는 사람도 많을뿐더러, 실제로 계약으로 이어질 확률도 적기 때문이다. 가장 큰 이유는 자신의 시간을 많이 잡아먹는다는 것이다. 이때 미리 손품을 마치고 필요한 곳만 빠르게 돌아보는 투자자는 상대적으로 공인중개사의 호감을 얻을 수 있다. 이후 임대인을 모을 때 그 지역 공인중개사의 도움을 받을 수 있도록 미리 준비해서 나쁠 것은 없다.

또한 원하는 부동산을 정했다면 평형별 실거래가격 매매정보와 그 부동산에 대한 다양한 의견도 확인할 수 있다. 그뿐만 아니라 내부에 있는 대출 계산기 등을 활용해 자기자본금과 금리에 따른 상품 이자 총액 등도 살펴볼 수 있다. 부동산 매수에 앞서 다양한 손품을 시도하며 부동산의 감각과 대출 사전계획을 철저히 준비해보자.

신용대출이 불러온 DSR 참사,
동시대환으로 해결한다

　기존에 받은 신용대출을 잊어서 매매잔금을 치를 때 DSR 요건을 충족하지 못한 고객의 사례와 이를 해결한 대출 전략을 알아보자. 이 고객은 부동산 매매과정에서 잔금 지급만 남겨두고 있었다. 연소득도 5,000만 원 정도여서 기존에 대출이 없었다면 1금융권에서도 최대 3억 5,000만 원까지 매매잔금대출을 받을 수 있다고 자신만만했다.

　하지만 사실 신용대출이나 마이너스 통장, 카드론 등 이미 5,000만 원 상당의 대출이 있었고, 잔금지급일에 가까워져서 이를 깨달은 것이다. 이런 식으로 대출이 있는 경우, 특히 마이너스 통장 같은 신용대출은 대출한도에 큰 영향을 미친다. 결국 기대했던 금액의 절반을 살짝 웃도는 2억 원 정도의 한도를 받게 되었다.

　나는 이러한 상황을 듣고 신용대출 동시대환을 제안했다. 이 방법은 기존 신용대출을 매매잔금대출과 동시에 대환하는 것으로, 기존의 대출을 상환하기 때문에 한도를 늘릴 수 있다. 특히 일부 금융기관에서는 신용대출 동시대환을 통해 기존 대출을 DSR 계산에서 제외할 수 있어, 고객이 원래 기대했던 대출한도의 확보를 돕는 해결책이 되었다.

결국 이 고객은 신용대출 동시대환을 활용해 매매잔금을 무사히 끝낼 수 있었다. 3억5,000만 원을 대출받으며 대출금 중 5,000만 원을 신용대출 상환에 사용하고, 나머지 3억 원을 매매잔금으로 사용한 것이다.

이 사례는 매매잔금 대출의 준비 과정에서 기존 대출이 많다면, 동시대환 같은 유연한 사고로 다양한 금융 솔루션을 고려해야 한다는 것을 보여준다. 만약 이러한 지식이 없다면 전문가인 대출상담사와의 대출 상담을 통해 자신의 상황에 가장 적합한 대출 구조를 사전에 파악하고 준비하자.

1주택자를 위한
실전 레버리지
투자의 정석

부자로 가는 추월 차선, 레버리지

우리는 유튜브나 서점에서 수많은 '투자 슈퍼스타'를 쉽게 찾을 수 있다. 나도 할 수 있을 것만 같고, 그들이 풀어주는 이야기를 듣다 보면 나만 뒤처지는 것이 아닌가 하는 생각이 든다. 하지만 그럴 때마다 누군가는 '영끌 투자의 리스크'를 꼬집는다. 둘 다 틀린 말은 아니기에 더더욱 혼란스러울 것이다.

하지만 투자에서 빚은 막연히 두려워할 대상이 아니다. 오히려 잘 이해하고 이용해야 하는 대상이다. 정교하게 계산한 대출로 투자의 수익을 극대화해야 진짜 레버리지라고 할 수 있다. 남들도 하니까 식의 이해 없는 레버리지 투자는 그저 투기일 뿐이다. 이를 잘 이해한 부자는 레버리지를 사랑하고, 이해하지 못한 사람은 레버리지를 무조건적으로 두려워한다. 과연 레버리지는 두려운 악마일까? 아니면 내 수익을 끌어올려 주는 고마운 천사일까? 다음 글을 읽고 한번 생각해 보길 바란다.

레버리지라는 단어조차 모르던 나의 신입사원 시절, 사업관리실 모 부장님이 점심을 사며 해준 말이 아직도 기억난다.

"야 빚이라도 내서 빨리 집을 사, 나는 왜 네 나이 때 이런 말을 해 준 사람이 없었을까. 정말 아쉽다."

이런 부장님의 말을 그때의 나는 달갑잖게 들었다. '주식 수익률이 훨씬 높은데 왜 집을 사지?'라는 생각이 머리에 한가득 차 있었기 때문이다. 이런 딱딱한 머리에 레버리지라는 개념은 들어오지 못했고, 결국 그때의 나는 집을 포기하고 주식을 사게 되었다. 결과는 어땠을까?

그때의 주식 시장은 활황이었기에 엄청나게 좋은 성적표를 받아 들 수 있었다. 4,000만~5,000만 원의 자금으로 한 달에 1,000만 원 가까이 버는 날도 있었고, 그런 날이 쌓이자 무서움 없이 투자하곤 했다. 막연히 '주식이 잘되는데 왜 기껏해야 10% 오르는 부동산을 빚까지 내서 사?'라고 생각한 것이다. 지금 돌이켜보면 참 큰 핵심을 놓치고 있었다. 결국 문제는 수익률이 아니기 때문이다. 바로 절대적 '금액'이 중요했던 것이다.

주식과 부동산 투자의 시세차익

	제약회사 주식	서울 아파트
현찰	5,000만 원	5,000만 원
차입	불가능	5억5,000만 원
투자금액	5,000만 원	6억 원
5년 뒤 가격 상승률	200% (5,000만 원 → 1억5,000만 원)	100% (6억 원 → 12억 원)
시세차익	1억 원 (1억5,000만 원 − 5,000만 원)	6억 원 (12억 원 − 6억 원)

내가 신입사원 시절 투자를 고려했던 주식은 신약 개발이라는 호재와 함께 200%라는 엄청난 수익률을 기록했다. 그에 반해 같은 기간 동안 서울의 집값은 2배 정도 올랐으니 그 수익률은 100%다. 물론 좋은 수익률이지만 주식보다는 못하다. 그렇다면 어마어마한 수익률의 주식 투자자는 승리한 것일까?

일반적으로 부동산은, 특히 집은 안전한 실물자산으로 여겨진다. 그 덕분에 내 초기자본이 부족해도 은행에서 구매대금을 대출받아 더 높은 가치의 집을 살 수 있다. 이 또한 일종의 레버리지인 셈이다. 5,000만 원의 자기자본에 주택담보대출이나 갭투자를 더해 서울에 6억 원짜리 집을 샀다고 생각해보자.

하지만 주식은 부동산과 다르게 비교적 안전하게 레버리지를 끌어올 방법이 적다. 개인의 신용을 담보로 추가 자금을 수혈할 수 있지만, 이를 모두 주식에 투자하는 것은 굉장히 위험한 행위이기에 추천하지 않는다. 또 부동산같이 저금리의 다양한 정책상품도 기대할 수 없다.

결국 두 투자방식은 출발선부터 다른 것이다. 주식은 5,000만 원이라는 내 자본을 그대로 투자하는 것이고, 부동산은 5,000만 원이라는 내 자본의 12배인 6억 원을 투자할 수 있다. 그리고 이렇게 레버리지로 만든 출발선의 차이는 '수익률'이 아닌 '수익금'에서 명확하게 드러난다. 주식의 수익률이 200%고 부동산의 수익률은 100%여도, 최종 수익금은 주식 1억 원, 부동산 6억으로 6배의 차이가 생긴다. 문제는 수익률이 아니라 수익금이다!

보유한 부동산으로 대출받는 법, 알고 보면 쉽다

주택담보대출은 대출 시점에 따라서 크게 2가지로 나눌 수 있다. 매매잔금일과 소유권 이전일부터 3개월 이내에 진행하게 되는 매매잔금대출과 3개월 이후에 받는 생활안정자금이다. 대출에 대해서 지식과 경험이 없는 분들은 이렇게 자금이 필요할 때 주택담보대출을 생각하지 못하고 마이너스 통장이나, 일반 신용대출, 심하게는 단기 카드론이나 현금서비스를 사용할 때가 있다.

하지만 보유한 부동산으로 담보대출을 받는 것은 생각만큼 어렵지 않다. 앞서 말했듯 보유주택에 따른 LTV 최대한도 내에서 DSR 소득요건만 충족하면 되기 때문이다. 적용범위도 넓어 아파트뿐만 아니라, 다세대나 다가구 주택, 빌라나 단독주택, 오피스텔까지 담보로 설정할 수 있다. 부동산의 종류와 성격에 따라 대출상품의 성격도 달라져 미리 공부하고 계획할 필요는 있지만, 적어도 대출 자체는 어렵지 않다는 것이다.

다만 부동산의 종류에 따라 대출상품의 금리가 차등 적용되는 것도 주의해야 한다. 일반적으로 아파트론부터 주택론, 오피스텔론 순으로 금리가 높으며, 다양한 요건에 의해 할인 및 할증될 수 있다.

대출금리 할인 · 할증 항목

할인 목록(금리 할인)	• 높은 신용점수 • 대출상품의 우대금리 조건 충족 • 금융기관의 부수거래 조건 충족
할증 목록(금리 할증)	• 중도상환수수료 면제부 • 거치식 상환 • 보증보험 가입

할인의 대표적인 예는 경우 높은 신용점수로 인한 금리 인하와 디딤돌 대출이나 신생아 특례, 전세 사기 피해자 등 정부의 정책상품 우대금리 조건을 충족한 경우, 월간 카드사용액이나 정기적금예치, 적금이나 외화예금, 월평균 계좌 잔액 유지 등 은행 등 금융기관이 제시하는 부수거래 조건을 충족시켜 금리를 낮출 수 있다

할증되는 경우는 일정 기간 원금을 갚지 않고 이자만 내는 거치식 요건으로 대출받는 경우, MCI·MCG 등 보증보험에 가입한 경우, 중도상환수수료 면제 등을 적용받는 경우 등이 있다.

하지만 가장 중요한 것은 아무리 급하게 자금이 필요하더라도 신용대출처럼 빠르고 편한 방법부터 찾는 것이 아니다. 느리고 복잡하더라도 더 낮은 금리의 대출상품을 찾는 것이다. 이를 위해 내게 주어진 다양한 조건과 대출상품을 차근차근 검토할 필요가 있다. 만약 부동산을 보유하고 있다면 위에서 설명한 것처럼 내게 유리한 조건의 주택담

보대출을 최우선으로 검토하자. 꼼꼼한 검토는 가장 좋은 금리와 긴 상환기간을 얻어줘 이자의 부담도 줄여줄 것이다. 조금 느리게 돌아가는 것 같더라도 내게 필요한 자금을 가장 저렴하게 마련할 방법이다.

금융기관이 말해주지 않는
한도의 함정

3교시 4장, '정부 공인 꿀 입지를 얻는 대출의 비밀'에서 설명한 것처럼, 현재 강남구와 송파구, 서초구, 용산구 이 네 곳을 제외한 서울 전역이 비규제지역으로 설정되었다. 또 이런 비규제지역의 대출한도는 1주택자가 LTV의 70%, 다주택자는 LTV의 60%까지 생활안정자금대출(주택담보대출)을 받을 수 있다고 설명했다.

하지만 비규제지역이라고 무조건 이 한도를 꽉 채워 대출받을 수 있다고 생각해선 안 된다. 거래가 활발한 서울이나 경기권 이외의 지역 중에는 금융사에 따라서 대출 인수제한 지역으로 선정되는 사례가 있기 때문이다.

누누이 말하지만, 대출은 꼼꼼히 공부할수록 실수를 줄이고 원하는 금액을 빠르게 대출받을 수 있다. 대출을 많이 안다고 해도 꾸준히 공부하지 않으면 100% 정답이라고 말하기 힘들다. 이 내용을 보면서 인터넷에 돌아다니는 단순한 자료만 믿고 있다가 낭패를 보지 말고, 전문

실무자와 상담하며 안전하게 거래를 마치자.

사족이 길어졌지만, 금융사들이 인수를 제한 또는 완화하는 지역과 이유를 알아보자.

1. 인수제한 강화

대상 지역	제한 사항		사유
	현행	변경	
대전 중구	제한없음	LTV 60% 제한	
부산 기장군	LTV 65% 제한	LTV 60% 제한	매각가율 하락
경북 경주	LTV 60% 제한	LTV 55% 제한	

* 단, 〈KB부동산〉 시세 미등록 분양잔금의 대출은 LTV 65%로 제한

2. 인수제한 완화

대상 지역	제한 사항		사유
	현행	변경	
부산 서구 광주 동구 충북 청주 청원구	LTV 60% 제한	제한없음	
전남 나주	LTV 60% 제한	LTV 65% 제한	매각가율 상승
부산 중구	LTV 55% 제한	LTV 60% 제한	
경기 안성 충남 홍성군	LTV 60% 제한	제한없음	미분양관리지역 해제

* 인수제한은 금융사 별로 상이함

부동산 대출 수업

금융기관은 특정 지역의 주택 경매 매각가율이 75% 미만으로 낮거나, 미분양관리지역, 인구가 20만 명을 밑도는 지역을 인수제한지역으로 구분한다. 이렇게 인수제한지역이 되면 LTV의 한도를 5%에서 최대 15%까지 차감한다. 더 심하게는 1억5,000만 원 미만의 주택, 도외지역, 인구 10만 명 미만의 군지역일 때 인수금지지역으로 지정되기도 하며, 이 지역의 주택을 담보로 대출을 시도해도 금융사에 따라 대출을 거부하기도 한다.

반대로 매각가율이 올라가거나 미분양관리지역에서 해제되는 경우 LTV 한도가 늘어난다. 만약 사는 지역이 신도시로 지정됐다면 거의 확실한 완화의 신호라고 볼 수 있다. 하지만 개인이 비교적 쉽게 변화를 알 수 있는 인구수나 신도시 지정과 다르게, 경매 매각가율의 상승이나 미분양관리지역 여부는 자료를 찾기 힘들 것이다. 그리고 완화조건을 달성했더라도 금융기관이 실제로 인수제한을 완화했을지 확인이 필요하다. 따라서 대출을 준비하며 전문가와의 상담을 통해 정확한 정보를 알아보자.

결론은 내 보유주택의 수나 LTV 한도 등 일차적인 수치에 매몰되어 대출과 여유자금을 계획하는 것을 지양하자는 것이다. 내가 사는 곳이나 투자를 계획한 지역이 인수제한 지역에 해당해 LTV가 차감되거나, 아예 대출이 불가할 수도 있다. 물론 반대로 이런 정보를 민감하게 찾는다면 인수제한이 완화되는 곳에 투자해 기회를 잡을 수도 있을 것이다. 부동산 투자는 시기와 주변 환경에 따라 유동적으로 변화한다는 것을 생각하며, 사전에 금융사별 평가 기준 변화와 상황을 파악하자. 건강한 대출의 시작일 수 있다.

우리 집은 아파트가 아니에요, 어떻게 하죠?

앞에서 알아본 대출의 담보는 대부분 아파트일 때다. 대표적인 주거 형태인 동시에 투자처로도 유망하고 정책상품도 많아 많은 부분을 할애해 설명했다. 하지만 우리가 사는 모습은 아파트만 있는 것이 아니다. 빌라나 다가구주택, 다세대주택, 단독주택 등 다양한 모습이 있고, 그 종류만큼 대출에 필요한 내용이 달라진다.

이러한 주택들을 담보로 대출을 받을 때는 주택의 위치나 형태, 그리고 각 부동산의 특성에 따라 큰 영향을 받는다. 그중에서도 가장 중요한 것은 그 주택이 위치한 지역이지만, 때에 따라서는 주택의 형태에 따라서도 대출 여부가 정해질 때도 있다. 또한, 1교시 4장, '시세를 잘 찾아야 거래도 빨라진다'에서 살펴본 것처럼, 아파트가 아닌 주택의 경우 〈KB부동산〉의 시세가 있더라도 감정평가법인의 감정평가금액을 기준으로 주택담보대출의 한도가 정해진다. 이제 주택 형태에 따른 대출의 주의사항을 알아보자.

다세대주택은 여러 가구가 독립적으로 거주할 수 있도록 설계된 주택이다. 그렇기 때문에 호실마다 개별 등기가 가능하다는 특징이 있다. 자신이 전세보증금을 보호받고 싶은 입차인이라면 좋겠지만, 임대인이 대출받을 때는 각 호실의 감정평가 금액에 해당 지역의 LTV 비율과 방공제를 적용해 대출한도가 낮아지는 단점도 있다. 이러한 주택들은 주로 주거용으로 사용되기 때문에, 각 금융기관의 정책에 따라 대출조건이 달라질 수 있다.

다가구주택은 한 건물 안에 여러 가구가 입주해있지만, 대부분 하나의 등기로 관리된다. 따라서 다가구주택을 담보로 대출을 시행할 때는 전체 건물의 가치를 평가받는다. 전체 건물에 대한 감정평가를 통해 한도가 결정되며, 임대수익 같은 변수도 영향을 미칠 수 있다.

다가구주택의 형태 중에는 통빌라도 있다. 통빌라는 방이 층별로 나뉘어 있지만 전체 건물에 대한 하나의 등기로 관리된다. 따라서 한도 계산이 복잡하고, 전체 건물의 감정평가와 개별 호실의 임차 상황을 고려해 대출이 이루어진다. 각 방의 수와 해당 지역의 방공제 금액을 고려하여 산출한 최소 금액이 대출한도가 된다.

단독주택은 하나의 가구만이 사용하는 독립적인 주택으로, 주택의 위치, 크기, 상태 등이 대출에 큰 영향을 미친다. 개별감정평가를 통해 주택의 가치를 평가하고, 내부의 방 개수에 따른 방공제를 미리 계산해야 한다.

여기에 금융사별로 단독주택의 형태에 따라서도 대출이 제한될 수 있다. 2층 이하의 주택이거나 외부에서 2층 이상으로 출입할 수 있는 외부 계단이 있다면 대출이 불가능할 때가 있다. 또, 내부에 취사 시설이 반드시 있어야 하는 것처럼 다양한 부가 조건들이 있다.

마지막으로 군, 읍, 면, 리에 위치한 단독주택은 인수제한으로 인해 대출이 불가능한 경우도 많다. 따라서 다양한 금융사 중 자신의 조건을 허용하는 금융사를 찾는 것이 무엇보다 중요하다.

TIP

보유주택수 제외 조건

① 2018년 9월 13일 이전에 주택을 매수하고 주택임대사업자등록증(구청 등 지자체가 발급)에 등록되었다면 보유주택수에서 제외된다. 단 임대등록은 2018년 9월 13일 이후에 등록하여도 가능하다.

② 상가주택을 보유했을 때 건물의 총면적 중 주택의 면적이 50% 이내라면 보유주택수에서 제외된다.

일반적으로 비아파트 주택으로 대출받을 때는 가산금리가 아파트보다 높게 측정되어 금리가 다소 올라갈 수 있다. 또한 금융사에 따라 대출상품의 장단점과 감정평가액이 천차만별이다. 그 외에도 아파트를 담보로 잡았다면 고려할 필요가 없는 다양하고 까다로운 조건이 많다.

이런 비아파트 주택을 담보로 최적의 대출을 받으려면 전문적인 대출상담사를 만나는 것을 추천한다. 다양한 금융기관 중에서 우수한 감정평가와 좋은 금리를 제공하는 금융사를 찾는 것을 도우며, 금융기관의 정책과 시장 상황에 따라 쉴 새 없이 바뀌는 조건과 자신의 재정 상황을 고려해 최적의 대출상품을 안내할 것이다.

DTI·DSR 소득요건에 걸렸다고 포기하지 마라

만약 DSR 값이 80%이거나 100%에 가깝다면 앞에서 설명한 신용대출 동시대환이나 다른 어떤 방법을 가져와도 대출을 진행하기 어렵다. 하지만 방법이 아예 없는 것은 아니다. 대출의 종류는 가계대출과 사업자대출으로 나뉘며 우리는 지금까지 가계대출을 공부해왔다. 가계대출에서 답을 찾을 수 없다면 사업자대출에서 답을 찾아보자.

사업자대출은 차주를 사업자로 규정한 대출상품이다. 대출받는 주체부터 달라 가계대출과 많은 부분이 다르지만, 우리가 주목할 부분은 대출을 내어주는 방식이다. 사업자대출은 담보물의 부동산 가치만을 평가해 대출을 내어준다. 따라서 DSR 등 가계대출에 적용되는 소득요건의 규제를 적용받지 않는다. 추가로 한도를 얻어낼 수 있다는 것이다. 또 규제지역이라도 사업의 운영을 위해 LTV 80% 전후로 대출받을 수도 있다.

다만 사업자 대출로 1억 원 이상을 사용할 시, 용도 증빙이라는 차후 금액 사용분에 대한 증빙이 필요하다는 것에 주의하자. 그리고 일반 사업자로 인정받기 위해선 실제 매출이 있는 사업자이거나 사업자를 개설한 개업일 기준 3개월이 지나야 한다. 어느 쪽이든 미리 준비해두어야 필요한 시점에 대출받을 수 있다.

여기서 한 가지 대출의 마법을 설명하면, 현재 사업자등록증이 없고 사업자등록을 진행 중이거나, 1개월 미만의 신규사업자도 대출을 승인하는 금융사들이 있다는 것이다. 정말 급하다면 신규사업자를 내면서 대출을 진행하는 것도 생각해 볼 수 있다.

정리하면 자신의 DSR이 40% 이내면 1금융권을 이용, 50% 이내면 보험사, 50% 이상이거나 기존 대출이 너무 많다면 신용대출 동시대환을 검토하자. 여기까지는 가계대출에 해당한다. 하지만 DSR이 지나치게 과도하거나 신용대출도 힘들다면 최후의 수단으로 일반사업자 대출을 이용할 수 있다. DSR 소득요건 없이 추가 자금을 받을 수 있을 것이다.

내 고객의 실제 사례로 사업자 대출을 이용한 방법을 더 생생하게 만나보자. 이 고객은 주택담보대출은 물론이고, 사업운영과 생활비를 위해 신용대출 같은 다양한 대출상품을 이용하고 있었다. LTV가 70%를 초과했고 DSR도 40%~50% 이상이어서 주택담보대출 DSR 소득요건에 걸려 추가적인 주택담보대출이 어려운 상황이었다.

이러한 상황에서 사업을 운영하고 있던 고객은 이를 활용해 사업자 대출을 받기로 결심했다. 위에서 설명한 것처럼 사업자 대출은 일반 주택담보대출과 다르게 LTV 한도가 최대 80%~90%까지 높으며 DSR 소득요건이 필수적으로 적용되지 않기 때문이다. 따라서 이 고객님이 보유한 부동산의 한도를 이용해 추가 담보대출이 가능했다.

사용 용도도 사업 운영에 필요한 추가 자금이었기에, 일반사업자 대출을 받거나 이후의 용도 증빙도 사업상의 목적에 따라 처리할 수 있었다.

TIP

사업자대출이 필요한 상황

① LTV 최대한도가 필요한 경우: 사업자대출을 이용하면 담보의 〈KB부동산〉 시세 80% 전후, 최대 90%까지 최대한도를 받을 수 있다.

② DSR 소득요건에 걸린 경우: 사업자 대출은 DSR 요건이 필수가 아니어서 자유롭다.

③ 저축은행이나 캐피탈 등에 10% 전후의 고금리 기존 대출이 있는 경우: 보험사의 일반 사업자 대출이나 새마을금고, 농협, 신협 등의 상호금융의 상품으로 대환하면 금리 부분에서 이득을 볼 수 있다.

④ 카드론, 현금서비스와 같은 고금리의 신용대출이 있는 경우: 사업자대출을 활용해서 최대한 낮은 금리의 상품으로 대환해야 한다.

추가약정서,
주택담보대출의 함정

주택담보대출은 시점에 따라 크게 두 가지로 나뉜다. 매매 잔금을 치르고 3개월 이내에 받는 주택구입자금과 그 이후에 받는 생활안정자금이다. 하지만 이 두 경우 모두 2018년 9월 13일부로 적용된 정부의 강도 높은 부동산 및 대출 규제 때문에 무조건 '추가약정서'를 작성하는 것에 주의해야 한다. 이제부터 그 이유를 알아보자.

먼저 생활안정자금은 세 종류로 구분할 수 있다.

① 자기담보대출

자기담보대출은 내가 가진 주택을 담보로 진행하는 생활안정자금대출이다. 이 또한 LTV 한도가 걸려있으며, 1주택당 연 1억 원이라는 한도 내에서 대출받을 수 있다.

② 전세퇴거자금대출

세입자가 있을 때 세입자에게 보증금을 반환하기 위한 대출이다. 하지만 LTV 한도 내에서 보증금만큼만 대출할 수 있다는 단점이 있다. 전세 퇴거에 관한 내용은 5교시 '전문투자자를 위한 대출의 정석(주거용 부동산편)'에서 더 자세히 알아보자.

③ 대환대출

대환대출은 3교시의 '부족한 한도를 만드는 대출의 마법, 동시대환'에서 자세히 다루고 있다. 그 주택의 기존 대출을 다른 금융사의 낮은 금리상품으로 갈아타는 것으로, LTV 한도가 남아있다면 1억 원까지 증액하며 대환이 가능하다.

위의 3가지 대출을 실행할 때 작성하는 추가약정서의 핵심은 '실행한 대출금을 추가 주택(분양권 및 조합원 입주권, 조합원 지분 등 포함) 매수 목적으로 사용할 수 없다는 것'이다. 또 생활자금대출을 대출받은 날부터 차주의 등본에 올라와 있는 모든 사람은 그 대출이 유지되는 동안 추가로 주택을 구매하지 않겠다는 약정을 해야 한다. 즉, 대출 실행 후 어떤 방식으로라도 모든 세대원의 보유주택수가 증가하면 안 된다는 것이다. 금융기관은 규정에 따라 대출 이후 6개월 단위로 주택의 추가 보유 여부를 관찰하니 주의하자. 다음의 그림에서 더 자세한 내용을 확인할 수 있다.

추가약정서의 예시

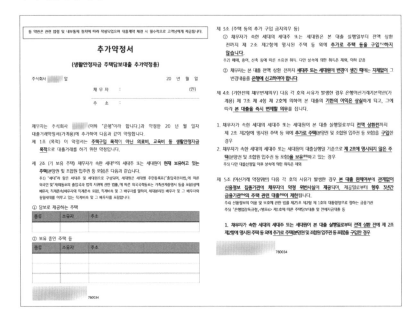

다음은 주택구입자금을 대출받을 때 추가약정서를 작성하는 경우를 알아보자. 추가약정서는 주택구입 목적이 아닌 의료비, 교육비 등 생환안정자금 목적으로 대출거래를 하기 위한 약정이다.

따라서 채무자가 속한 세대의 세대주 또는 세대원은 현재 보유하고 있는 주택(분양권 및 조합원 입주권 포함)이외의 추가주택을 구매하게 된다면 약정서 위반이 된다. 단, 대출신청일 이후 상속에 의한 취득은 제외된다.

그렇다면 추가약정서를 위반하면 어떤 제약이 있을까? 가장 먼저 대출을 진행한 은행에서 약정 위반을 통보받고 기한이익을 상실하게 된다. 이로 인해 대출금 전액을 즉시 상환해야 하며, 추가약정서를 작성한 차주는 향후 3년간 「은행업감독규정」〈별표6〉 제1호에 따른 주택담보대출 및 전세자금대출 등 주택 관련 대출을 받을 수 없다. 또한 상환 여부와 관계없이 신용정보 집중기관에 약정 위반 사실이 제공된다.

위의 설명을 읽다보면 '대출받은 돈으로 돈으로 주택을 구매할 수 없다면 대출의 이유가 없는 것 아닌가'라는 의문이 생길 수 있다. 물론 모든 대출에는 해답이 있다. 추가로 주택을 매수하기를 원하면 추가로 구매하는 주택을 담보로 주택구입자금을 대출받아 매수해야 한다.

글을 마치며, 자신이 추가약정서를 작성하였는지를 반드시 기억해두자. 그리고 추가주택을 매수할 때는 약정을 위반하는 것인지를 미리 확인하시길 바란다.

대출 후 3년이 지났다면 대환이 답이다

성공적으로 주택담보대출을 받았다면 내 집이 있다는 든든함과 함께 이자나 원리금을 갚고 있을 것이다. 주택담보대출은 보통 대출 기간을 40년 전후로 설정한다. 바꿔말하면 그 집을 팔지 않는 이상 은행과 약속한 금리를 40년 동안 지켜야 한다. 하지만 대출 당시에 최고의 조건으로 계약했어도 그 조건이 지금도 가장 좋은 조건일까? 내 고객 중에서도 십여 년간 한 번도 대환을 검토하지 않고 착실히 원금을 갚은 경우가 있었다. 주거래은행이고 알아서 좋은 조건의 금리로 맞추어준다고 생각한 것이다. 하지만 금리 상승기가 아니라면 대출 후 3년이 지났을 때 반드시 대환을 검토하자.

일반적으로 주택담보대출을 조기상환하면 1%~1.5%의 중도상환수수료가 발생한다. 하지만 대부분의 금융사가 매년 0.5%p씩 중도상환수수료를 줄여 3년째에는 0%로 사라지는 '슬라이딩 차감 방식'을 사용하고 있다. 따라서 3년이 지났다면 대환을 진행해도 추가 비용이 없으며, 이 시점에 다양한 금융사에 금리 및 조건을 따져 내게 가장 이득이 되는 상품을 찾아야 한다.

한 가지 팁이라면, 일반 주택담보대출에도 거치기간을 1년~5년 정도로 설정할 수 있는 상품들이 있다는 것이다. 미리 거치기간을 설정해 두면 원리금 부담을 줄이거나 투자에 유리하다. 3년간 원리금 비용보다 낮은 이자만 내다 차후에 대환할 수 있기 때문이다. 만약 원리금 지불이 부담된다면 거치기간을 활용하는 것도 적극 추천한다.

TIP

대출이자 줄이는 방법

① 대출금리 감면조건 꼼꼼히 확인하기

  시중은행들은 신용·체크카드 전월 대비 실적, 자동이체 건수, 급여 이체 등의 조건을 만족하면 금리를 우대해준다. 기존의 주거래은행보다 더 좋은 조건을 찾았다면 빠르게 갈아타자.

② 금리 인하 요구권 활용하기

  대출 이후 승진이나 연봉 상승, 신용점수가 개선되면 금리 인하를 요구할 수 있다.

③ 정부의 대환대출 플랫폼 이용하기

정부 대환대출 플랫폼, 원스톱 갈아타기

2023년 5월 31일, 정부의 대환대출 플랫폼과 온라인·원스톱 대환대출 서비스라는 혁신적인 금융 서비스가 등장했다. 이 서비스 덕분에 소비자는 은행에 방문하지 않고도 자신이 이용하는 모든 신용대출을 편

리하게 확인할 수 있으며, 더 유리한 조건의 대출상품으로 대환할 기회
도 찾을 수 있다.

이런 편리함 덕분인지 2024년 1월 26일까지 총 118,773명, 2조7,064
억 원이라는 막대한 규모의 대출이 더 낮은 금리로 이동했다는 정부의
발표도 있었다. 또 2024년 1월 9일부터 주택담보대출, 2024년 1월 31
일부터 전세대출 갈아타기 서비스를 개시하며 더 폭넓게 저금리 대환
서비스를 제공하고 있다.

특히 아파트뿐만 아니라 오피스텔이나 빌라, 단독주택 등 모든 주거
형태에 대한 보증부 전세자금대출을 갈아탈 수 있으며, 전세 임차 계약
을 갱신할 때도 사용할 수 있다. 다양한 대출상품의 대환을 돕는 만큼,
시중에 대출상품들의 금리가 낮아지고 있다. 특히, 신용점수나 소득이
향상된 소비자들이 더욱 유리한 조건의 대출상품으로 쉽게 갈아탈 수
있다는 점이 매력적이다.

대출 성격별 비교 플랫폼의 차이

아파트 주택담보 대출	대출비교 플랫폼 (7개)	네이버페이, 카카오페이, 토스, 핀다, 뱅크샐러드, 핀크, 에이피더핀
	금융회사 자체 앱 (16개)	은행: 신한, 국민, 우리, 하나, 농협, 기업, 제일, 대구, 부산, 광주, 전북, 경남, 제주, 케이, 카카오 보험: 삼성생명
전세대출	대출비교 플랫폼 (4개)	네이버페이, 카카오페이, 토스, 핀다
	금융회사 자체 앱 (14개)	신한, 우리, 하나, 농협, 기업, 대구, 부산, 광주, 전북, 경남, 케이, 카카오, 수협

대출을 비교하는 대환대출 플랫폼과 대환을 실행할 창구는 내가 받

은 대출의 성격에 따라 달라진다. 아파트 주택담보대출 비교는 네이버페이, 카카오페이, 토스, 핀다, 뱅크샐러드, 핀크, 에이피더핀 등 총 7곳에서, 전세대출 비교는 네이버페이, 카카오페이, 토스, 핀다 등 4곳에서 비교할 수 있다.

　그리고 아파트 주택담보대출은 16곳의 금융사 자체 앱에서, 전세대출은 14곳의 금융사 자체 앱에서 기존 대출과 갈아탈 대출의 조건을 비교할 수 있다. 간단하게는 대출비교 플랫폼에서 먼저 금융사들의 갈아탈 상품들을 비교해보고, 어떤 대출로 갈아탈지 결정하자.

대출 성격별 참여 금융기관

아파트 주택담보 대출	은행 (18곳)	농협, 신한, 우리, 제일, 기업, 국민, 하나, 대구, 부산, 광주, 전북, 경남, 제주, 케이, 카카오, 수협, 산업, 씨티
	보험사 (10곳)	삼성생명, 한화생명, 교보생명, 농협생명, 흥국생명, 푸본현대생명, 삼성화재, KB손보, 농협손보, 현대해상
	제2금융 (4곳)	저축은행(SBI, JT친애, OK), 현대캐피탈
전세대출	은행 (18곳)	농협, 신한, 우리, 제일, 기업, 국민, 하나, 대구, 부산, 광주, 전북, 경남, 제주, 케이, 카카오, 수협, 토스, 씨티
	보험사 (3곳)	삼성생명, 삼성화재, 롯데손보

＊ 색상 글씨 표시 기관: 신규대출 상품 가입도 가능한 기관 (출처: 금융위원회)

　2024년 1월 기준 총 53곳의 금융회사가 참여 중이다. 금융회사별 모바일 앱을 통해서 대환대출 서비스를 이용할 수 있다. 또한, 추가로 금융회사들이 참여할 예정이어서 서비스의 범위는 앞으로 더 확대될 것이다. 플랫폼과 금융회사 간의 경쟁을 통해 더 나은 조건의 대출과 서비스의 등장을 기대할 수 있다.

단, 온라인 원스톱 대환대출 서비스 이용의 횟수 제한은 없지만, 은행 영업시간(오전 9시~오후 4시)에만 이용할 수 있다는 것을 기억해두자. 스마트폰 사용에 익숙하지 않은 어르신들이라면 은행에 직접 방문해 대환대출 서비스를 이용할 수 있다.

대환대출 플랫폼 이용 방법

대환대출 서비스 상황별 이용 방법

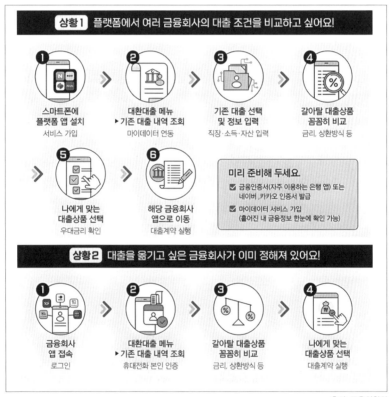

상황1 플랫폼에서 여러 금융회사의 대출 조건을 비교하고 싶어요!

❶ 스마트폰에 플랫폼 앱 설치
서비스 가입

❷ 대환대출 메뉴
▶기존 대출 내역 조회
마이데이터 연동

❸ 기존 대출 선택 및 정보 입력
직장·소득·자산 입력

❹ 갈아탈 대출상품 꼼꼼히 비교
금리, 상환방식 등

❺ 나에게 맞는 대출상품 선택
우대금리 확인

❻ 해당 금융회사 앱으로 이동
대출계약 실행

미리 준비해 두세요.
☑ 금융인증서(자주 이용하는 은행 앱) 또는 네이버, 카카오 인증서 발급
☑ 마이데이터 서비스 가입
(흩어진 내 금융정보 한눈에 확인 가능)

상황2 대출을 옮기고 싶은 금융회사가 이미 정해져 있어요!

❶ 금융회사 앱 접속
로그인

❷ 대환대출 메뉴
▶기존 대출 내역 조회
휴대전화 본인 인증

❸ 갈아탈 대출상품 꼼꼼히 비교
금리, 상환방식 등

❹ 나에게 맞는 대출상품 선택
대출계약 실행

출처: 금융위원회

부동산 대출 수업

서비스 이용 절차도 쉽고 간편하다. 먼저 관련 플랫폼 또는 금융사의 앱을 설치한 뒤 나의 대출내역과 금리, 잔액 등의 정보를 손쉽게 조회하자. 이후에는 나의 소득과 자산, 직장 정보 등을 입력해 더 유리한 조건의 상품을 선택하면 끝이다. 이전보다 압도적으로 빠르고 편리하게 바뀌었다.

그렇게 갈아탈 상품을 정했다면 갈아탈 해당 금융사의 앱이나 영업점에서 대출 심사를 신청하자. 서류는 대면과 비대면으로 모두 제출이 가능하지만, 비대면이 조금 더 쉽고 빠르다. 증빙서류 대부분은 금융회사가 '공공마이데이터'(국세청이나 건보공단 등이 보유한 정보를 금융회사에 제공하는 서비스)로 확인할 수 있어 따로 제출할 필요가 없다. 주택매매계약서나 등기필증, 전세임대차계약서 등만 촬영해서 제출하면 빠르게 끝난다. 만약 비대면으로 제출이 어렵다면 영업점에 방문해서 서류를 제출할 수 있다. 대출 심사는 2일~7일 정도 소요되며 심사 결과는 문자로 통보받게 된다.

그러나 누구나 더 좋은 조건으로 대환할 수 있는 것은 아니다. 가장 먼저 개인의 신용점수나 소득 등에 따라 가능한 옵션이 달라진다. 이 플랫폼은 사용자에게 정보를 제공하고 선택의 폭을 넓혀주는 도구일 뿐, 모든 사람에게 유리한 조건을 보장하지는 않기 때문이다.

그리고 지나치게 잦은 이동을 방지하기 위해 기존의 전세대출을 받은 지 3개월이 지나야 신청할 수 있으며, 계약기간의 50%가 지나기 전에만 신청할 수 있다는 기한의 제약도 있다. 정부는 50% 이상 계약기간이 지났어도 전세대출을 갈아탈 수 있도록 유관기관과 검토를 이어가고 있지만, 아직 적용되지 않았으니 신청 기한에 유의하자.

또 기존 대출의 LTV 여유분만큼만 대출이 허용된다. 다만 전세 계약을 갱신하면서 보증금이 늘어난 경우, 보증기관별 보증 한도 이내에서 증액된 보증금만큼 대출한도를 늘릴 수 있다.

마지막으로 기존 대출 보증기관의 상품으로만 갈아타기가 가능하다는 것을 알아두자. 만약 주택도시보증공사가 보증하는 대출상품에 가입되어있었다면 주택도시보증공사의 상품으로만 대환이 가능하다.

이런 제약들에도 불구하고, 정부 대환대출 플랫폼은 금융 시장의 경쟁을 촉진해 실제로 대출상품들의 금리가 낮아지는 결과를 만들었다. 특히, 주택담보대출이나 전세대출 등 고액의 대출을 이용 중인 소비자들에게 금리가 낮은 상품으로 갈아탈 기회를 제공하는 것이 제일 큰 장점일 것이다. 따라서, 고금리 대출상품을 이용 중인 소비자라면 이번 기회에 저금리 상품으로 갈아타는 것을 고려하자.

아이가 생겼다면?
신생아 특례대출 대환이 답이다

"결혼해서 집을 사라."

24년 4월 4일 윤석열 대통령이 민생토론회 후속 조치 점검회의에서 한 발언이다. 하지만 과거의 낡은 대출 조건이 현대의 변화를 반영하지 못해 지금까지 많은 신혼부부가 사실혼 관계임에도 혼인신고를 하지 않는 경우가 많았다. 법이 개정되고 혜택을 얻을 때까지 버틴 것이다.

2교시 1장, '가장 좋은 조건, 정책상품을 먼저 활용하자'에서 확인한 '신혼부부전용 전세자금대출'처럼 정부가 신혼부부에게 제공하는 정책상품 대부분은 신혼부부를 혼인신고일로부터 만 7년 이내인 자, 3개월 이내 혼인신고 예정자로 규정하고 있다. 해당 기간에 집을 사지 못한다면 혜택을 잃게 되니, 늦은 혼인신고는 어쩔 수 없는 고육지책이었을 것이다.

이렇게 신혼부부가 혼인신고를 하지 않게 된 대표적인 원인은 소득요건이었다. 기존의 소득요건 규정은 매매 시 부부합산 연소득 1억

3,000만 원 이하, 전세대출 시 연소득 7,500만 원이었다. 지금의 주택 시장을 생각해보면 터무니없이 낮은 금액이다.

하지만 이제는 정부가 소득요건을 대폭 완화하며 혼인신고와 결혼을 장려하고 있다. 2023년 1월 1일부터 신생아가 태어난 가정이 수혜 대상인 신생아 특례대출은 2024년 4월 4일부터 연소득 1억3,000만 원 이하의 가구에만 적용되던 기존의 소득요건을 완화해 연소득 2억 원 이하까지 지원 대상을 확대했다. 또한 신혼부부 버팀목 전세자금대출도 소득 기준을 연소득 7,500만 원 미만에서 연소득 1억 원 이하까지 완화했다.

최근 등장한 정책상품 중 가장 뜨거운 관심을 받는 대출이며, 4개월 동안 4조 원이 넘는 금액이 풀릴 만큼 자격이 되는 신혼부부, 신생아 출산 가구들이 적극적으로 이용하고 있다. 가장 매력적인 것은 신생아 특례 중 신생아 주택자금 대출은 기존의 주택담보대출을 언제든 대환할 수 있다는 것이다. 그 이득을 체감하기 위해 5억 원을 대출받았을 때 일반 주택담보대출과 신생아 특례의 차이를 구해보자.

일반 주택담보대출로 5억 원을 대출받았을 때 내가 갚아야 할 원리금은 253만 원 정도다. 원금 65만 원에 대출이자로 184만 원을 매달 갚으려면 평범한 부부의 수입 대부분은 상환에 쓰일 것이다. 이에 반해 신생아 특례로 2%의 금리를 누리면 원리금이 약 185만 원에 불과하다. 심지어 원금 101만 원과 대출이자 83만 원으로 구성되어 있어, 더욱 건강한 채무라고 볼 수 있다. 매달 갚아야 하는 원리금은 70만 원이 줄었는데, 36만 원이나 더 많은 원금을 갚고 있기 때문이다. 즉, 1년에 벌어지는 차이만 계산해도 원리금의 차이는 840만 원에 달하며, 430

신생아 특례와 일반 주택담보대출의 비교

신생아 특례의 경우 (대출금 5억 원, 만기 30년, 금리 2.0%, 원리금균등상환 조건)
원리금균등 월별 상환금

회차	납입원금	대출이자	월상환금	대출잔금
1	1,014,764	833,333	**1,848,097**	498,985,236
2	1,016,455	831,642	**1,848,097**	497,968,781
3	1,018,149	829,948	**1,848,097**	496,950,631
4	1,019,846	828,251	**1,848,097**	495,930,785
5	1,021,546	826,551	**1,848,097**	494,909,239

일반 주택담보대출의 경우 (대출금 5억 원, 만기 30년, 금리 4.5%, 원리금균등상환 조건)
원리금균등 월별 상환금

회차	납입원금	대출이자	월상환금	대출잔금
1	658,427	1,875,000	**2,533,427**	499,341,573
2	660,896	1,872,531	**2,533,427**	498,680,678
3	663,374	1,870,053	**2,533,427**	498,017,304
4	665,862	1,867,565	**2,533,427**	497,351,442
5	668,359	1,865,068	**2,533,427**	496,683,083

만 원 정도의 원금을 더 갚을 수 있다.

하지만 일반 주택담보대출에서 신생아 특례로 대환할 때 주의해야 할 사항도 있다. 바로 기존의 주택담보대출이 주택구입자금 용도일 때만 대환할 수 있다는 것이다. 바로 앞의 4교시 중 '추가약정서, 주택담보대출의 함정'에서 설명한 것처럼, 소유권이 바뀌고 3개월이 지난 시점에 받은 대출은 주택구입자금이 아닌 생활안정자금이기 때문에 대환할 수 없다.

또 기존에 주택을 구매하기 위해 대출받았다가 저금리의 대출상품으로 대환하거나 생활비가 필요해 깜박하고 생활안정자금으로 대출을 대환한 경우도 마찬가지다. 기존 대출의 성격이 주택구입자금에서 벗어났기 때문에 신생아 특례로 대환할 수 없다. 따라서 신생아 특례의 혜택을 누리기 위해서는 기존 대출을 매매잔금 형태로 유지하면서 대환을 실행하는 것이 중요하다.

이렇듯 정부에서도 적극적으로 권하는 신생아 특례의 강력한 혜택을 이용해 이자의 부담을 줄여보자. 대출을 잘 활용한다는 것은 한 번의 대출로 끝나는 것이 아닌, 내가 받을 수 있는 가장 유리한 상품으로 대환할 수 있어야 한다. 또한 혼인신고를 하지 않은 부부라도 신생아를 출산했다면 신생아 특례를 적용받을 수 있다. 자격요건 같은 작은 부분까지 꼭 확인하자.

고금리 사업자대출을
저금리 주택담보대출로,
대환 사용설명서

앞에서 말한 것처럼 사업자대출은 가계대출로 불가능한 한도를 받을 수 있다. 하지만 그에 대한 반대급부로 주택담보대출보다 금리가 높다. 하지만 대출을 제대로 이해한다면 가계대출에서 배운 개념인 대환을 사용해 고금리의 사업자대출을 현명하게 사용할 수 있다. 이를 제대로 이해하기 위해 사업자대출을 받았던 내 고객의 사례를 알아보자.

이 고객은 코로나 시기 매출이 감소하며 사업장 운영에 고충을 겪고 있었다. 당연하겠지만 매출의 감소는 낮은 소득으로 이어져, 가계대출의 DSR 요건을 만족하기 어려워졌다. 이런 상황을 들은 첫 상담에서 일반사업자 대출을 통한 사업운영자금 조달을 도왔고, DSR의 한도에서 벗어나 필요한 사업자금을 만들 수 있었다. 이 대출 덕분에 사업이 호전될 때까지 버틸 수 있었고, 감사 인사를 전해오셨다.

하지만 그 대출을 받고 3년이라는 시간이 흐른 뒤, 안부 인사를 겸한 연락에서 그 고객이 아직도 사업자대출을 이용하고 있다는 것을 들었다. 일반적으로 3년이 지나면 대출의 중도상환수수료가 사라지기 때문에 대출 후 3년이 지났다면 더 낮은 금리의 대출로 대환을 검토해야 한다. 그런데 이 고객은 고금리의 사업자대출을 대환할 수 있다는 것을 모르고 있었다.

급하게 이런 내용을 안내하고 사업자대출을 가계대출로 대환하는 것을 도왔다. 다행히 이분은 코로나 이후 매출이 호전되며 다시 높은 소득을 올리고 있었다. 그 덕분에 대환에 필요한 DSR 요건(DSR 40%)을 만족해 1금융권의 저금리 대출상품으로 대환을 마무리하였다.

이러한 일반 주택담보대출으로 대환해 금리를 낮추고, 또 만기일시상환처럼 이자만 내는 것이 아니라 원리금균등상환 조건을 걸고 원금과 이자를 함께 갚아나가는 것이 좋다. 더 빠르게 낮은 금리로 대출을 갚아나갈 수 있다. 그러니 기존의 대출을 받았다고 잊거나 안심하지 말자. 틈틈이 자신의 소득과 DSR 요건 등 금융 상황을 확인해 현명하게 대출을 사용하자.

5교시

전문투자자를 위한
대출의 정석

(주거용 부동산편)

다주택자의
갭투자 이야기

앞서 1교시의 '대출한도의 문턱, 대출의 전후 관계 알아보기'에서도 말했지만, 전세 세입자가 들어와 있는 주택으로 매매잔금대출을 받는 다면 LTV의 최대한도가 줄어든다. 전세보증금이 마치 선순위 대출처럼 작용하기 때문이다. 하지만 동시에 내게 가장 많이 들어오는 질문이기도 하다. 갭투자를 생각하는 분들이 이 사실을 모르고 LTV와 한도를 계산하다 문제가 생기기 때문이다.

예를 들어 LTV 50%인 지역에 10억 원짜리 주택이 있다고 가정하자. 이 집에는 전세보증금 3억 원을 낸 세입자가 들어와 있다. 그런데 전세 보증금이 LTV 한도를 줄인다는 것을 모르고 'LTV 50%인 지역이니 5억 원을 대출받고 전세보증금 3억 원을 더하면 내 돈은 2억 원만 필요하겠다.'라고 생각해 문제가 생기는 것이다.

위에서 공부한 내용을 다시 떠올려보면 금방 답을 알 수 있다. 10억 원짜리 주택에 3억 원의 전세보증금이 있다면, LTV 50%의 최대한도인

5억 원에서 전세보증금 3억 원을 뺀 2억 원이 내가 받을 수 있는 대출의 한계치다. 따라서 10억 원짜리 주택을 매입하기 위해서는 내 돈 5억 원이 필요하다.

갭투자의 구조

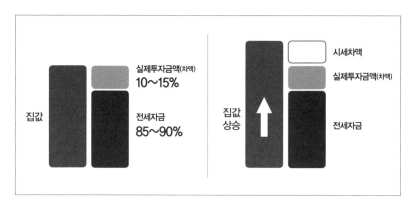

그러나 대출과 레버리지를 정확하게 이해하고 이용한다면 이런 사고 없이 내 자산을 늘릴 수 있다. 투자를 꺼리는 사람과 지금 내 집을 담보로 투자를 결심한 여러분의 차이를 알아보자. 먼저 우리들의 부모님 세대는 빚을 병적으로 싫어하시는 분이 많다. 나에게도 '보증을 서지 말라'던지 '남의 돈으로 사업하는 것이 아니다'라는 말을 해주신 기억이 있다.

하지만 이렇게 빚 없이, 안전하게, 은행에 돈을 맡기고 이자만으로 만족하는 사람들이 끝내 웃을 수 있을까? 조금은 극단적인 말이지만 천천히 무너지는 것과 마찬가지다. 내가 벌어들이는 돈은 결국 한계가 찾아오기 때문이다. 갑작스러운 부상, 결혼, 아이의 공부 등 내 수입만으로 해결하기 벅찬 문제도 있고, 정년퇴직을 당하면 수입 자체가 없어

부동산 대출 수업

진다. 회사는 내 미래를 책임져주지 않는다.

　우리의 부모님 세대는 대부분 빚을 싫어하기에 정말 노력해서 모든 대출을 상환했을 것이다. 따라서 은퇴를 앞두고 그 집 한 채만 남은 경우가 많다. 평생을 바친 노력과 돈이 집 한 채로 바뀐 것이다. 자신의 집을 가지고 계시기 때문에 나쁜 상황은 아니지만, 이 집이 그분들의 노후를 완벽하게 보장한다고 보기는 힘들다.

　부모님 세대는 오롯히 자기 돈 3억 원으로 집을 샀다고 가정하자. 반면 나는 자기자본 1억 원에 2억 원의 레버리지를 사용해 집을 구매했다면, 나는 은행에 이자를 내는 것으로 그분들의 노력을 66%나 따라잡은 것이다. 그리고 이 속도의 차이는 점점 크게 벌어진다.

갭투자와 일반투자의 수익 차이

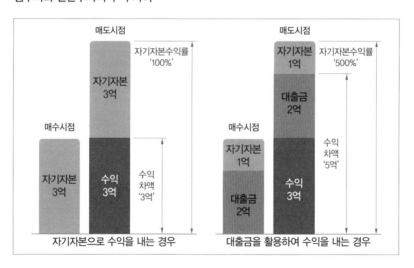

　온전히 내 돈으로 집 1채를 갖는 것과 레버리지를 사용해 똑같은 1채를 가지는 것은 시간을 아껴주는 것은 물론이고 수익의 차이도 만

든다. 둘 다 똑같은 3억 원의 집을 매수해 6억 원에 매도했다. 하지만 전자는 3억 원을 투자해 3억 원의 차익을 얻었고, 후자는 1억 원을 투자해 5억 원의 차익을 얻었다. 그 차이는 자기자본수익률 '100%'와 '500%'로 명백하다. 설령 이자로 1억 원을 냈더라도 '100%'와 '400%'로 큰 격차를 보여준다.

이런 투자가 계속 이어진다면? 무리한 투기가 아니라 정확한 계산에 따른 투자를 이어갈 수 있다면 둘의 차이는 더 빠르고 멀어지게 된다. 단지 레버리지를 이용하는 자와 그렇지 못한 생각의 차이로 말이다.

깔끔한 퇴거를 위한 완벽한 한도 계산 방법

부동산 호황기라면 전세 계약이 끝났을 때 빠르게 다음 세입자를 구하거나 쉽게 계약을 연장했을 것이다. 하지만 최근에는 역전세난, 부동산 가격 하락 등으로 다음 세입자를 구하기 힘들다. 이런 역전세난의 배경에는 고금리로 인해 전세자금대출의 부담이 커지며 세입자들이 월세를 선호하는 것, 또 최근 불거진 전세 사기 등으로 인해 전세에 대한 불안감의 증대 등이 있다.

이럴 때 필요한 대출이 바로 전세퇴거자금대출이다. 부족한 전세보증금을 메꾸거나 전세보증금을 낮춰 재계약할 때 차액을 마련할 수 있다. 대비하지 않고 낙관하다 고금리의 신용대출을 이용하는 것보다 현재 내가 어떤 상황에 있고 어떤 상품을 사용하는 것이 최선인지 알아둬야 한다. 비록 부동산 시장의 상황이 복잡하더라도 올바른 방향만 잡을 수 있다면 현명하게 헤쳐 나갈 수 있다.

전세퇴거자금대출은 2023년 3월 1일을 전후해 커다란 변화를 맞았다. 서울 대부분이 규제지역에서 비규제지역으로 바뀐 것이다. 앞에서 설명한 것처럼 강남구와 서초구, 용산구, 송파구를 제외한 서울 전 지역이 비규제지역으로 바뀌며, 비규제지역의 1주택자는 LTV의 70% 한도까지, 다주택자는 60% 한도까지 전세퇴거자금대출을 받을 수 있게 되었다.

규제 · 비규제에 따른 보유주택별 최대한도

지역	무주택자 매매자금		다주택자 매매자금		서민실수요자 (매매자금)		생애최초 (매매자금)	
	투기	비규제	투기	비규제	투기	비규제	투기	비규제
LTV	50%	70%	30%	60%	70%		80%	
DTI	40%	60%	30%	50%	60%		60%	
DSR	1금융권 40% / 2금융권 50%							
신청금 제한	금액 제한없음 (LTV, DTI, DSR 범위 내)		금액 제한없음 (LTV, DTI, DSR 범위 내)		최대 6억3,000만 원 (LTV, DTI, DSR 범위 내)		최대 6억 원 (LTV, DTI, DSR 범위 내)	
주택가격 제한	제한없음		제한없음		9억 원	8억 원	제한없음	

＊ 투기지역: 강남 3구 (강남, 서초, 송파) + 용산구
＊ 서민실수요자 추가 조건: 1. 무주택세대주 2. 부부합산소득 9,000만 원 이하
＊ 1주택자가 처분조건으로 매매 시, 무주택자 기준을 적용받음

물론 규제지역의 경우 이보다 낮은 한도를 적용받지만, 3월 2일부터 9억 원을 초과하는 고가주택의 필수 전입 의무가 폐지되었다는 것은 분명한 호재다. 기존에는 이 필수 전입 의무로 3개월 내 세대원 한 명

부동산 대출 수업

이 전입해야 했지만, 이 의무가 사라지며 좀 더 유연하게 거래를 진행할 수 있게 되었다.

예시를 통해 전세퇴거자금대출의 이용 방법을 알아보자. 시세가 10억 원인 비규제지역의 아파트에 6억 원의 전세보증금을 낸 세입자가 있다고 가정해보자. 하지만 여러 가지 이유로 인근의 전세 시세가 급락해서 4억 원으로 전세가 다시 맞춰졌다. 기존의 세입자가 자신의 보증금을 요청했지만, 다음 세입자를 구하지 못했고 여유자금이 없다면 어떻게 해야 할까?

만약 자신이 '집테크'를 시도하고 있는 1주택자고 주택담보대출이 없다면, LTV의 70%인 최대한도를 채워 7억 원까지 대출받을 수 있다. 따라서 기존 세입자의 전세보증금 6억 원을 전세퇴거자금대출로 모두 충당할 수 있다. 만약 다음 세입자를 구했다면 기존 세입자의 보증금과 신규 세입자의 보증금 차액인 2억 원만 전세퇴거자금대출을 받으면 될 것이다.

이 단계에서 가장 많이 헷갈리고 실수하는 것이 바로 '한도 계산'이다. 특히 전세금은 대출이 아니라서 이런 문제가 생기곤 한다. 예를 들어 시세가 10억 원인 아파트에 보증금 8억 원의 전세 세입자가 있다고 가정해보자. 그리고 전세보증금을 제외한 나머지 조건이 위와 같다면 최대 7억 원까지 대출받을 수 있을 것이다. 이때 얼핏 '전세보증금 7억 원을 그대로 내어주고, 추가로 주택담보대출 1억 원만 받으면 전세 퇴거가 가능하겠네.'라는 생각이 들 수 있다.

하지만 잘못된 생각이다. 왜냐하면 생활안정자금도 결국 주택담보대출의 일부이기 때문이다. LTV 70%라는 최대한도에는 생활안정자금도 포함되어 있다. 따라서 전세보증금과 별개로 생활안정자금 대출을 받을 수 없다. 결국 모든 대출의 최대한도는 LTV의 70%인 7억 원이라고 생각해야 한다.

두 번째로 확인해야 할 부분은 바로 DSR이다. 2023년 3월부로 LTV 는 일괄 완화되었지만, 소득요건인 DSR은 그대로 남아있다. 따라서 위의 LTV 한도에 여유가 남았더라도 무조건 대출이 나오는 것은 아니다. 여기서 DSR을 빠르게 계산하는 팁이 있다. 기대출이 하나도 없을 때 1금융권에서 자기 연소득의 7배까지, 2금융권과 보험사에서는 연소득의 8배까지 이용할 수 있다는 것을 기억하자.

예를 들어 연소득이 5,000만 원인 사람이 10억 원 가치의 주택과 전세보증금이 4억 원인 세입자를 가지고 있다고 가정하자. 이때 다음 세입자가 구해지지 않아서 전세보증금 전액이 필요하다면 1금융권에서 3억 5,000만 원까지, 2금융권에서는 4억 원까지 대출받을 수 있다. 1금융권만 이용한다면 신용대출이나 여유자금 5,000만 원이 필요하며, 2금융권을 이용한다면 전세보증금 전액을 대출받을 수 있을 것이다.

고정관념을 깨는,
2금융권만 가능한 대출 전략

2금융권, 보험사에서 대출받아야 한다고 하면 '보험사에서 대출을 이용한 적이 없는데, 1금융권보다 무조건 불리하지 않나요? 신용등급이 급락하지 않나요?' 같은 질문을 받았다. 하지만 이 또한 오해다. 신용등급 평가 제도가 개편되며 2금융권이나 보험사의 대출을 이용하더라도 1금융권과 큰 차이는 없다.

또한 보험사에는 1금융권에 없는 '중도상환 50% 면제 조건부 상품'이 있다. 때에 따라 대출을 이용해 기존 세입자를 퇴거하고 이른 시일 내에 다음 세입자의 보증금으로 대출을 갚을 수도 있다. 단순히 금리만 고려하면 1금융권이 더 유리하지만, 대출 실행 후 1달에서 3달 내에 전액을 상환하면 중도상환수수료(1.3%~1.5%) 때문에 1금융권의 총상환금액이 폭증한다. 기본 금리가 높아도 빠르게 상환할 수만 있다면 보험사의 특정 상품을 고르는 것이 돈을 아끼는 지름길이다. 다음은 이런 내용을 알려주는 내 고객의 실제 사례다.

이 고객은 5억 원의 전세퇴거자금이 필요한 상황이었다. 1금융권의 금리 4%와 보험사의 금리 5%만을 보고 1금융권으로 마음을 굳히고 있었다. 하지만 나는 기존과 같은 보증금으로 빠르게 신규 세입자를 받을 것이라는 고객의 계획을 듣고 중도상환수수료가 중요하다고 판단했다. 따라서 금융비용을 최대한 줄이기 위해 보험사의 중도 상환수수료 50% 면제 상품을 소개했다.

1금융권의 3개월 이내 단기 중도상환수수료는 1.5%였지만, 보험사의 상품 중 중도상환 수수료 1.3%, 중도상환금 50% 면제 조건이 있는 상품을 통해 최종적으로 0.65%의 중도상환수수료를 적용받을 수 있었다. 아래의 표처럼 금리가 각각 4%, 5%로 1%p의 차이가 있어도, 단기 사용시에는 중도상환수수료가 더 중요하다. 결국, 전세퇴거자금 실행 1달 내로 신규 전세 세입자를 맞이해 전세퇴거자금 대출을 상환하며, 최종 금융비용에서 274만 원 이상 이득을 볼 수 있었다.

중도상환수수료 50% 면제의 차이

1금융권			단기 1달 이용 후 상환 시	
500,000,000	4% (금리)		12분의 1	1,666,667 (이자)
500,000,000	1.5% (중도상환수수료)		36분의 35	6,319,444 (중도상환수수료)
				7,986,111 (합계)

보험사			단기 1달 이용 후 상환 시	
500,000,000	5% (금리)		12분의 1	2,083,333 (이자)
500,000,000	0.65% (1.3% 중도상환수수료, 50% 면제조건부)		36분의 35	5,159,722 (중도상환 수수료)
				5,243,056 (합계)

중도상환수수료 면제의 이득: 2,743,056

결론적으로 대출을 짧게 이용 후 상환할 계획이 있다면 보험사의 중도상환수수료 50% 면제 조건부 대출이 전체 비용에서 더 유리할 수 있다. 따라서 대출상품을 선택할 때 내게 익숙한 조건보다 지금까지 알지 못했던 또 다른 조건을 찾는 게 중요하다.

전세퇴거자금, 반드시 받아야 할 1년간의 완화 정책

임차인의 보증금을 바탕으로 투자한 임대투자자들이 우려하는 것은 역전세난으로 인한 보증금 반환일 것이다. 좋은 소식은 최근 역전세난의 심화 때문에 역전세 반환대출 규제가 완화되었다는 것이다. 비록 23년 7월 27일부터 24년 7월 31일까지 한시적으로 적용되지만, 상당한 완화 폭을 보여준다. DSR 40%는 DTI의 60%까지, RTI의 1.25배~1.5배는 1.5배로 완화되었다.

수치의 나열이라 계산이 어렵다면 구체적인 연봉을 적용해 실질적인 금액을 알아보자. 금리를 4%로 설정하고 기존 대출이 아무것도 없을 때, DSR 40%를 적용하면 연소득의 7배 정도가 대출받을 수 있는 최대 한도가 된다. 만약 내 연봉이 5,000만 원이라면, 여기에 7을 곱해 3억 5,000만 원이 되는 것이다.

하지만 금리나 기존 대출은 똑같다고 가정하고 이번에 완화된 DTI 60% 요건을 적용하면, 자기 연봉의 약 10배가 전세퇴거자금대출의 최

보도자료

보도시점 2023. 7. 27.(목) 조간   배포   2023. 7. 26.(수) 09:00

역전세 반환대출 규제완화 시행

- 7.27일부터 1년간 은행권 전세보증금 반환목적 대출규제 완화 시행 -
(DSR 40% → DTI 60%, RTI 1.25~1.5배 → 1.0배)

- 당장 후속세입자가 없는 경우 등도 지원하여 세입자의 원활한 퇴거를 폭넓게 지원 -

- 가계부채 증가, 후속세입자 전세금 미반환 위험 등 부작용이 발생하지 않도록
다양한 제도적 보완장치 마련 -

역전세로 인해 기존 세입자의 **전세금 반환에 어려움을 겪는 집주인**이 **전세금 반환용도**로 은행권(인터넷은행 제외) **대출**을 이용할 경우, **전세금 차액분**(기존 전세금-신규 전세금) 등에 대한 **전세보증금 반환목적 대출규제**(DSR·RTI 등)가 **'23.7.27일부터 1년간**('23.7.27~'24.7.31.) **한시적으로 완화 적용**된다.
(『23년 하반기 경제정책방향(7.4)』 후속조치, DSR 40%→DTI 60%, RTI 1.25~1.5배→1.0배)

출처: 금융위원회

대한도가 된다, 연봉이 5,000만 원이라면 대략 5억2,500만 원으로 대략 10배 조금 넘게 대출이 나오는 것이다. 상승 폭만 따지면 50%에 가깝게 증가하는 것이다. 이런 기회를 놓치지 말고 유용하게 사용해보자.

물론 조건이 파격적인 만큼 아무렇게나 대출받을 수 있는 것은 아니다. 대출의 지원 자격과 주의사항도 까다롭고 복잡하다. 우선 전세퇴거자금대출의 지원 자격은 크게 세 가지 경우가 있다. 첫 번째는 다음 세입자를 구했지만, 그 세입자의 전세보증금을 더해도 역전세가 생겼을 때 차액을 대출받을 수 있다. 두 번째는 다음 세입자가 구해지지 않아 기존 세입자에게 전세보증금 전액을 반환해 줄 때 사용할 수 있다.

역전세 규제 완화로 달라지는 대출 가능액(만기 30년, 금리 4.0%, 기존 대출이 없는 경우)

연소득	DSR 40% 적용 시	DSR 60% 적용 시	차액
4,000만 원	2억8,000만 원	4억2,000만 원	+1억4,000만 원
5,000만 원	3억5,000만 원	5억2,500만 원	+1억7,500만 원
1억 원	7억 원	10억5,000만 원	+3억5,000만 원
1억5,000만 원	10억5,000만 원	15억7,000만 원	+5억2,000만 원

출처: 금융위원회

마지막은 세입자가 구해지지 않아 내가 실제로 들어가 거주할 때도 DTI 60%로 완화된 조건을 적용받을 수 있다.

지원 조건을 알아봤다면 다음은 주의사항이다. 우선 1년간 한시적 적용이라는 시간적 한계가 가장 큰 난관이다. 어디까지나 역전세 현상의 연착륙을 위해 내놓은 정책인 만큼, 빠르게 사용하는 것이 중요하다. 또 오용 방지를 위해 전세금 반환 이외의 사용을 금지한 것이다. 만약 임대인이 신규 주택을 구매하면 기존 대출 기한이익 상실로 인해 전액 회수와 함께 3년간 주택담보대출 취급이 금지된다. 반드시 전세 퇴거 목적으로만 사용하도록 하자.

각 주택에 2개 이상의 대출이 있다면? 다중담보 가중치 계산

앞에서는 전세퇴거자금대출의 정의와 이용 방법, 중도상환수수료를 다뤘다. 이번에는 본격적으로 전세퇴거자금대출의 심화 활용법을 알아보자. 전세퇴거자금대출을 주로 활용하는 사용자층은 다주택자들이다. 따라서 일반적으로 사용하는 대출상품보다 복잡하고 익숙하지 않은 규제도 존재한다. 대표적인 것으론 주택담보대출의 '다중담보'가 있다.

5교시 1장, '깔끔한 퇴거를 위한 완벽한 한도 계산 방법'에서 DSR 한도를 계산하려면 1금융권은 자기 연소득의 7배, 2금융권과 보험사는 8배로 계산할 수 있다고 설명했다. 하지만 다주택자들은 이 방식을 쓸 수 없다. 다주택자가 자신의 보유주택을 하나씩 담보로 삼아 주택담보대출을 진행하면 다중담보 규제가 발동해 대출한도가 줄어들기 때문이다.

핵심은 추가로 진행하는 주택담보대출의 상환기간이 줄어드는 것이다. 서류상으로 내 상환기간을 40년으로 설정하더라도 DSR을 계산할 때 15년으로 줄어들기 때문에 기존 주택담보대출에 가중치가 쌓이고

DSR 값이 폭등하게 된다.

이 내용이 중요한 이유는 여러분이 투자를 위해 두 번째 주택을 생각할 때, 기존 대출이 없을 확률이 희박하기 때문이다. 보통 A 주택은 자신이 더 좋은 입지에서 거주하기 위해 주택담보대출을 받아 입주하고, B 주택에 임차인을 구할 것이다. 그런데 B 주택의 임차인이 퇴거할 때 전세보증금을 주려고 대출상품을 알아보면 생각보다 더 적은 DSR 한도만 남았을 것이다.

그렇다면 왜 금융기관은 다주택자에게 이렇게 엄격한 것일까. 앞에서 설명한 것처럼 금융기관은 다주택자의 대출 신청을 심사할 때 추가로 받으려는 대출의 만기를 15년으로 고정하여 계산한다. 실제 대출만기가 15년보다 길더라도 15년 만기를 기준으로 월 상환액을 계산함으로써 대출자가 부담해야 할 월별 부채 상환금액을 과대평가하는 것이다.

이런 방식은 금융기관이 대출자의 부채상환 능력을 더 안전하게 평가하기 위해 사용한다. 대출만기를 실제보다 짧게 설정해 대출자의 최악의 상황을 가정하고, 그러한 상황에서도 원리금을 상환할 수 있는지 평가하는 것이다. 특히 다주택자에게는 부동산 시장의 변동성과 대출자의 부채 부담을 고려해 금융기관이 더 보수적으로 접근하는 경향이 있다.

다음의 표처럼 다주택자의 주택담보대출 심사 과정에서는 기존 대출의 상환 부담을 고려하여 추가 대출의 경우 대출기간을 15년으로 가중평가한다. 이 과정에서 보수적인 기준을 적용하여 대출자의 재정 안정성을 확보하려는 금융사의 의도를 알 수 있다. 각각의 주택에 주택담보대출을 받는 경우 이러한 다중담보 요건을 미리 이해하고 준비하자.

금융기관의 다주택자 다중담보 가중치 계산

구분		내용		비고
		DTI	DSR	
대외 금리 정보	예금은행 가중평균 가계대출금리 (매월 업데이트)	3.01%		
	스트레스금리 ('21년 1월 기준)	1.10%		
당사 신청중 대출	대출금액(원)	350,000,000		
	투기지역이면서 아파트 대출입니까?	N		
	처분조건부 대출 입니까?	N		
	다중담보확인 • 담보물건 기준입니다. • 신청중 대출 포함해야 합니다. • 처분조건 대상대출도 포함해야 합니다.	1개		
	산환방법(원금균등 1, 원금균등 2)	2		
	대출기간(10~35년, 5년 단위)	15		
	거치기간(0~5년, 1년 단위)	0		
	원금균등 상환비율(%)	100%		
	적용금리(%)	4.00%		
	연간원이금상환액(원)	일반DTI	스트레스DTI	DSR
		31,066,893	33,432,530	31,066,893
기타대 출(당사 및 타사)	DTI: 기타대출 대출금액 / DSR: 기타대 출 원리금상환액(주택담보대출 제외, 대 환대상 대출 제외)			
		일반DTI	스트레스DTI	DSR
	주택담보대출 원리금(대환대상 대출 제 외, 당사 타사 구분없이 포함)			
	처분대상 대출 (원)리금(당사 신청대출이 아닌 기간내에 처분할 주택 대출)			
	적용금리(%)	4.01%	4.11%	–
	연간이자상환(원)	일반DTI	스트레스DTI	–
		0	0	0
연소득(원)		건강보험료		자동 계산
		50,000,000		
산출결과		일반DTI	스트레스DTI	DSR
		62.13%	66.87%	62.13%

* 본자료는 대출 상담시 참고자료로, 하이톤의 산출 DTI는 본 자료의 결과값보다 다소 높을 수 있습니다.(오차범위 1% 내외)

출처: H보험사

임대인을 위한 임차권등기와
전세퇴거자금 해결법

3교시에서는 임차인을 위한 임차권등기를 알아보았다. 하지만 동전의 앞뒷면처럼 누군가가 이득을 보았다면 누군가는 손해를 보게 된다. 분명 임차권등기는 임대차계약이 만료된 후 보증금을 돌려받지 못했을 때, 임차인이 자신의 권리를 위해 사용할 중요한 법적 장치다. 이는 임차인에게는 보증금 반환을 보장하는 안전장치다.

반면 임대인에게는 상당한 불이익을 초래할 수 있다. 특히 부동산 시장의 침체기 속 새로운 세입자를 찾기 어려운 상황에서 임차권등기는 임대인의 재산권 행사에 제약을 가하며 전세금 반환 문제를 더욱 복잡하게 만든다.

한번 임차권등기가 설정되면 그 주택을 대상으로 전세대출을 받기 어려워져 새로운 세입자 유치에 큰 장애로 남게 된다. 새 세입자를 구하기 힘들다는 것은 전세보증금 반환 지연은 물론, 임대인과 임차인 양측 모두에게 불리한 상황이 유예될 뿐이다. 이러한 문제를 해결하기 위

부동산 대출 수업

해서는 임대인과 임차인 간의 상호 이해와 협력이 필수며, 갈등 해결을 위한 실질적인 접근 방식이 요구된다.

가장 먼저 임차권등기를 해제하는 방법은 크게 두 가지 접근 방식이 있다. 첫 번째는 임차인이 직접 법원에 임차권등기 해제 신청을 하는 것이다. 이 방법은 비교적 간단하고 직접적인 접근 방식으로, 임차인이 적극적으로 해제를 원할 때 유용하다.

반면, 임대인이 임차권등기 취소를 원한다면 과정은 훨씬 복잡해진다. 임대인은 보증금을 전액 반환했다는 사실을 증명해야 하며, 그 이상으로 임차권등기 취소의 정당한 이유를 상세히 제시해야 한다. 엄청난 시간과 노력이 필요하며, 이 과정 중 신문 기일이 지정되면 법원에 출석해야 할 수도 있다.

이렇게 상호 파괴적인 단계에 이르기 전 공정한 협상을 통해 임대인과 임차인 양측 모두 수용할 수 있는 합의점을 찾아야 한다. 예를 들어, 임차인이 임차권등기 해제 신청을 하도록 이사비용 또는 위로금을 제공하는 것이다. 비록 단기적인 비용이 발생하더라도 장기적으로는 빠르게 다음 세입자와 보증금을 구해 임대수익의 안정성을 확보할 수 있다.

임차권등기 문제를 해결할 때 적절한 법적 조언을 구하는 것도 좋다. 변호사의 도움과 법적 권위, 수많은 판례를 통해 임대인과 임차인 모두 복잡한 법적 절차를 이해하고 적절한 합의안을 마련할 수 있다. 변호사가 제공할 수 있는 법적 해결방안은 224쪽에 간략하게 정리했으며 이 외에도 다양한 해결책이 있을 수 있다.

큰돈이 걸려있는 만큼 임차권등기 해제와 관련된 합의는 매우 예민하고 당사자 간의 신뢰와 협력이 필요하다. 이를 위해서 투명한 의사소통과 상호 존중이 필요하지만, 이미 서로의 신뢰가 깨졌고 법적 분쟁에

> **변호사를 통한 임차권등기 문제 해결 방법**
>
> ① 임차권등기를 먼저 말소하면서 손해배상을 청구하는 방법
>
> ② 임차권등기 해지와 동시에 보증금을 반환받을 수 있도록 공증을 이용하
>   는 방법
>
> ③ 임차인의 임차권등기 해제 위험을 상쇄할 임대인의 다른 담보를 제공하
>   는 합의

돌입했다면 끊임없는 악순환이 계속될 것이다.

따라서 임대인에게 가장 좋은 방법은 임차권등기 설정 전 미리 세입자의 보증금을 반환할 수 있도록 다음 세입자를 구하거나, 역전세 발생 시 빠르게 차액을 구할 방법을 찾는 것이다. 만약 세입자를 구하지 못하는 상황이라면 전세퇴거자금대출 같은 대안을 알고 있어야 한다. 이 책을 꾸준히 읽어왔다면 전세퇴거자금대출의 최대한도 수령 방법, 다른 부동산을 통해서 추가 자금을 만드는 방법, 완화된 전세퇴거자금대출 소득요건을 활용하는 방법, 담보대출과 신용대출을 동시에 받아 최대한도를 만드는 방법 등 다양한 대출의 기술을 알고 있을 것이다.

하지만 본인이 임대인으로서 전세를 놓은 집이 만료를 앞두고 있다면 '자동으로 연장하겠지'라며 마음을 놓을 것이 아니라, 만료일 2개월 ~3개월 전부터 임차인의 의사를 미리 확인하자. 임차인이 갑자기 임대차계약의 연장을 취소하고 퇴거한다거나, 역전세에 대한 차액 반환을 요구하더라도 문제없이 보증금을 반환할 수 있도록 대출전문가를 통해 미리 상담받고 가능한 대출방안을 모색해 놓는 것이 복잡한 법률 싸움을 피하고 가장 이득이 되는 방향일 것이다.

자필서명으로
저금리 대출을 받는 방법

    우리가 전세퇴거자금이 필요한 순간은 정해져 있다. 바로 세입자의 전세퇴거일이다. 이 날짜는 보통 세입자와 합의를 통해 정해지기 때문에, 저금리의 대출상품을 찾거나 DTI·DSR 한도를 정리하는 등 더 좋은 대출상품을 미리 준비할 수 있다. 하지만 퇴거 시점이 정해져 있다는 것의 장점은 이것뿐만이 아니다. 바로 내가 받을 대출의 금리를 취사선택할 수 있다는 강력한 장점도 있다. 내 고객의 전세퇴거자금 준비과정을 통해 자세히 알아보자.

    이 고객은 자영업자로 경영 악화로 인해 일시적인 소득감소에 시달리고 있었다. 설상가상으로 연소득이 3,000만 원을 약간 웃도는 상황에서 2억5,000만 원이라는 거액의 전세보증금을 반환해야 하는 상황이었다. 다행히 기존 대출은 없었기에 1금융권에서 DSR 40% 요건으로 2억 원 초반, 2금융권 및 보험사에서 DSR 50% 요건으로 2억5,000만 원 정도를 대출받을 수 있었다. 2금융권의 대출상품을 최대한 이용하면 손쉽게 전세퇴거자금을 마련할 수 있었지만, 고금리 시기였기에 이자를 부담스러워하는 것이 문제였다.

나는 금리가 조금씩 내려가고 있다는 것을 포착하고, 고객에게 먼저 자필서명만 해두는 것을 추천했다. 실제로 대출받을 때는 자필서명 시점과 전세퇴거일 시점의 금리를 비교해 더 낮은 금리를 고를 수 있기 때문이다. 만약 자필서명 시점보다 전세퇴거일의 금리가 높다면 자필서명 시점의 낮은 금리를 적용할 수 있다. 반대로, 전세퇴거일의 금리가 자필서명 시점의 금리보다 낮다면 그 금리를 고르는 것이다.

예측대로 전세퇴거일의 금리가 자필서명 시점보다 더 낮아졌고, 이 고객은 여유롭게 더 낮은 금리를 골라 대출을 실행했다. 이렇게 조그만 변화라도 세심히 살피고, 대출을 준비해두면 언제든 돌파구를 찾을 수 있다.

6교시

전문투자자를 위한
대출의 정석

(상업용 부동산편)

돈의 가치와 부패

어릴 때 먹은 음식 중 지금도 남아있는 것들을 생각해 보자. 그리고 그때와 지금의 가격 차이를 비교해보자. 왜 우리가 벌어들이는 돈의 가치는 계속 떨어지고 있을까? 극단적인 비유지만 돈은 음식과 같기 때문이다. 모두가 가난하고 배가 고플 때는 음식이 남아있지 않다. 간신히 연명할 만큼만 손에 넣었는데 이를 저축할 수는 없기 때문이다. 하지만 이제는 세상 어딘가에서 썩어버릴 만큼 많이 생산되고 있다. 그러므로 우리는 음식(돈)을 냉장고(부동산 등 실물자산)에 빠르게 넣어야 할 필요가 있다.

돈의 가치가 급격하고 충격적으로 감소한 예시는 생각보다 가까이 있다. 바로 4년 전의 코로나 팬데믹이다. 얼어붙은 시장을 활성화하기 위해 각국의 중앙은행들은 양적완화를 선택했다. 코로나 팬데믹이 본격적으로 논의된 2020년 1월 한국의 광의통화(M2)는 2,935조 원이지만, 2024년 1월에는 3,920조 원으로 바뀐 것에서 한국은행의 광폭한

양적완화를 볼 수 있다. 한국은행이 광의통화를 기록하기 시작한 1986
년 1월에는 42조 원에 불과했으니 34년 동안 풀린 돈의 33%가 단 4년
만에 풀린 것이다.

1986년~2024년 한국의 광의통화 증가

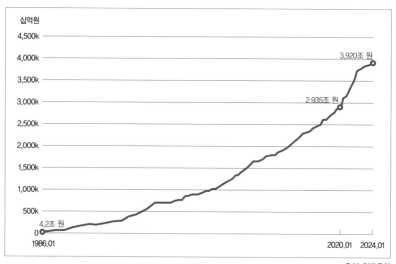

출처: 한국은행

'나는 부동산과 대출을 알고 싶은데 왜 복잡하고 머리만 아픈 딱딱
한 경제 이야기를 꺼내냐'라고 말할 수 있다. 하지만 부동산과 대출은
결국 금융자산이고, 금융은 결국 '돈의 흐름'이기에 이 흐름을 정확히
알아야 그 안의 위기와 기회를 찾을 수 있다. 광의통화라는 지표는 시
중에 돈이 얼마나 풀려있는지 보여주는 것으로, 정책당국이 금융과 부
동산 정책을 정하는 데 큰 영향을 끼치기 때문이다.

아직도 피부에 와닿지 않는다면, 4년 만에 34년 동안 풀린 돈
의 33%가 풀렸다는 것은 내가 4년 전에 가지고 있던 현금의 가치가

　　　　　　　　　　　　　　　　　　　　　부동산 대출 수업

33% 떨어진 것과 같다고 말하고 싶다. 4년 전의 1억 원의 가치는 지금 6,666만 원과 같아져 버렸다. 정말로 엄청난 노력으로 월수입의 70%를 꼬박꼬박 저금해서 만들어둔 돈이 한순간에 썩어버린 것이다. 여행이나 가고 싶은 곳, 먹고 싶은 것을 포기한 결실이 단지 은행에 넣어두었단 이유만으로 평가절하당하고 있다.

그렇다면 같은 기간 그 돈을 냉장고에 넣어두었다면 어떤 결과가 나왔을까? 4년 전에는 내 돈 1억 원과 2억 원의 대출을 합쳐 미래의 신축 아파트를 기대할 소형 재건축 아파트를 구매할 수 있었다. 아래의 그래프는 구로주공2차 19평형 매물의 시세다. 지금은 가격이 하락했어도 최소 4억 5,000만 원, 50%의 이득을 기대할 수 있다. 심지어 한창 부동산 광풍이 불 2022년 초반에 매도했다면 100%의 이득인 6억 원대에 실거래를 마칠 수 있었다.

구로주공2차의 실거래가 변화

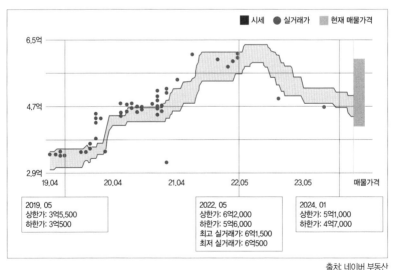

출처: 네이버 부동산

하지만 2024년의 1억 원과 대출로는 '썩빌(썩은빌라의 줄임말)'이라고 말하는 낡은 구축빌라만 매수할 수 있다. 우리가 부동산과 대출을 등한시하며 흘려보낸 4년~5년이라는 시간이 우리의 투자 기회를 재건축 아파트에서 반지하의 빌라로 바꿔버린 것이다. 이제는 우리가 가져야 하는, 그리고 배웠어야 하는 부동산과 대출을 진지하게 마주 볼 시간이다.

오피스텔의
대출 전략

　가장 먼저 알아볼 상업용 부동산은 오피스텔이다. 오피스텔은 이미 오래전부터 소형 주택의 수요를 대체하고 있다. 통계청의 2022년 자료에서 청년들의 오피스텔 거주 비율은 32.4%를 차지했다. 아파트보다 가격이 저렴하고 주로 업무지역 근처에 지어지기에 젊은 직장인들의 주거시설로 널리 이용되고 있다. 또 비주택으로 분류되기 때문에 청약 규제나 분양권 전매제한 등 주택과 관련된 각종 제한을 적용받지 않는다. 주택 수에도 포함되지 않으며 전매제한의 영향도 받지 않는다.

　하지만 이렇게 많은 이점에도 불구하고 법적으로 주택이 아니기 때문에 생기는 불이익도 있다. 업무용·상업용 오피스텔뿐만 아니라 처음부터 주거 목적으로 설계·시공된 주거용 오피스텔이라고 하더라도 주택법에 따라 준주택으로 분류되기 때문이다. 주택법에 따라 주택으로 인정되는 주택은 아파트·연립·다세대주택과 단독주택뿐이며, 오피스텔은 준주택의 범위 안에서 그동안 엄격한 대출 규제를 적용받았다.

오피스텔 담보대출 심사 과정에서 차주의 DSR을 산정할 때 실제 상환방식, 대출만기와는 상관없이 무조건 만기를 8년으로 간주하고 DSR을 계산해 온 것이 대표적이다. 이에 따라 오피스텔을 담보로 대출받는 차주의 경우에는 본인의 실제 상환능력보다 더 적은 금액만을 빌릴 수밖에 없었고, 주택보다 상당히 낮은 대출한도가 적용됐다.

오피스텔 담보대출의 DSR 산정방식 개선

⊙ 금융위원회	보도자료		🌑 금융감독원	
보도 일시	2023. 4. 7.(금) 석간	배포 일시	2023. 4. 6.(목) 15:00	
담당 부서	금융정책국	책임자	팀 장	
	금융정책과 거시금융팀	담당자	사무관	
	금융감독원	책임자	국 장	
	은행감독국	담당자	팀 장	

「은행업감독업무시행세칙」 등 5개 시행세칙 개정 예고
– 오피스텔 담보대출의 DSR 산정방식 개선(4.24일잠정 시행 예정) –

주요 내용

□ 오피스텔 담보대출의 DSR 산정방식을 합리적으로 개선

  ○ 전액 분할상환 대출은 실제 원리금상환액을 반영

  ○ 일부 분할상환 대출은 실제 원리금상환액을 반영하되, 주택담보대출과 동일하게 거치기간 제한(1년)

  ○ 만기일시상환 대출은 현행 기준(8년) 유지

출차: 금융위원회

하지만 이제는 오피스텔에 대한 불합리한 규제가 완화되었다. 금융위원회와 금융감독원이 기존 오피스텔 담보대출의 DSR 산정방식이 불합

리하다는 지적을 받아들여 2023년 4월부터 오피스텔 담보대출의 DSR 을 계산할 때도 주택담보대출과 유사한 방식으로 계산하도록 규정을 변경했기 때문이다. 이제는 오피스텔 담보대출도 주택담보대출과 비슷한 방식으로 DSR을 산정하도록 합리화해, 대출한도가 높아지는 것이 주요 골자다.

이제 오피스텔 담보대출 DSR 산정방식이 구체적으로 어떻게 달라졌는지, 어떤 오피스텔과 대출 유형에 개편된 산정방식이 적용되는지, 그리고 이에 따라 오피스텔의 담보대출한도가 얼마나 더 늘어났고 어떻게 투자의 기회를 잡을 수 있는지 알아보자.

오피스텔 담보대출 DSR 개편의 이점

위에서 설명한 오피스텔 담보대출의 DSR 산정방식 개편은 8년이라는 만기의 천장을 없앤 것 이외에도 다양한 이점이 있다. 주거용 오피스텔뿐 아니라 업무용·상업용 오피스텔에도 동일하게 적용한다는 점이다. '주거용 오피스텔'이라는 개념 자체가 법적으로 명확하게 정의된 개념이 아닌 데다 행정적으로도 주거용 오피스텔과 업무용·상업용 오피스텔을 뚜렷하게 나눌 수 있는 기준이 없다. 따라서 모든 오피스텔에 변경된 DSR 산정방식이 적용된다.

또한 기존의 DSR 산정방식은 상환방식을 고려하지 않았다. 하지만 이제는 전액 분할상환, 일부 분할상환, 만기일시상환 등 개인의 수익과 자본에 따른 다양한 선택지가 주어졌다는 것도 매력적이다.

그렇다면 이처럼 달라진 DSR 산정방식에 따라 오피스텔 담보대출에 적용되는 대출한도는 얼마나 늘어나게 될까? 연소득이 5,000만 원인

개선된 DSR 산정방식에 따른 상환방식의 변화

기존	현행	
• 대출기간, 상환방식 무관 • 대출총액 ÷ 8년	전액 분할상환	분할상환 개시 후 실제 상환액
	일부 분할상환	분할상환 개시 후 실제 상환액 + [만기상환액 ÷ (대출기간 - 거치기간)] (거치기간이 1년을 넘어서면 만기일시상환 대출로 간주)
	만기일시상환	대출총액 ÷ 8년

차주가 금리 연 5%, 30년 만기 원리금 분할상환 대출로 오피스텔 담보대출을 받는다고 가정해보자.

기존 방식이었다면 8년의 대출 상환기간과 1금융권에서 대출받을 시 40%의 DSR을 적용받을 것이다. 보험사 등 2금융권을 이용하더라도 최대 50%의 DSR이 한계다. 만약 1금융권에서 대출받았다면 내 소득과 관계없이 최대 1억3,000만 원만 대출을 받았을 것이다.

하지만 이번의 오피스텔 담보대출 규제 완화로 최대 35년까지 대출의 상환기간이 연장되어 같은 조건에서 최대 3억3,000만 원까지 대출받을 수 있다.

오피스텔의 '진짜' 대출과 투자전략

오피스텔 투자의 대출 전략은 주거용부동산과 크게 다르지 않다. 공식적으로 대출의 한도가 늘어난 것은 고무적이지만, 이미 주택담보대출이나 신용대출 같은 기존 대출이 있다면 최대한도의 대출을 받기는 힘들다. 또한 오피스텔을 구매한 뒤 추가로 거주용 주택담보대출을 받으면 오피스텔의 담보대출이 DSR의 한도를 과도하게 차지하게 된다. 따라서 오피스텔에 투자할 때는 주로 사업자 대출을 활용해 '임대'를 하게 될 것이다. 크게는 직접 사용하는 일반사업자와 임대를 목적으로 하는 임대사업자로 나뉜다.

그 부동산을 직접 사용하는 일반사업자의 대출한도는 최대 LTV 80%에 방공제한 금액이라고 볼 수 있다. 단 일반사업자는 직접 사용하기 때문에 월세를 측정할 수 없고, 임대사업자와 다르게 수익성과 상환 가능성을 확인하지 않는다.

다음으로는 임대사업자다. 임대사업자는 일반사업자와는 다르게 RTI(Rent to interest)라는 임대업이자상환비율을 반드시 확인해야 한다. 이는 임대수익으로 어느 정도까지 이자를 상환할 수 있는지 산정하는 지표다.

RTI 계산 방법과 대출기준

$$RTI = \frac{연간임대소득}{(해당임대업대출의\ 연간이자비용+해당임대업건물\ 기존대출의\ 연간이자비용)}$$

〈기준〉	주택	비주택
RTI	1.25배 이상	1.5배 이상

* 기준 이상인 건에 대한 대출 취급시 활용
* 기준 미달시 금융사가 사전 설정한 한도 내에서 대출 취급 가능

일반적으로 오피스텔이나 상가 같은 수익형 부동산의 RTI는 규정상 120%, 가능하면 150% 이상을 충족해야 한다. 임대사업자가 대출을

신청했을 때 최소한 이 정도의 수익을 내는 부동산을 담보로 삼아야 통과된다는 이야기다.

예시를 통해 쉽게 이해해보자. 오피스텔을 사기 위해 금리 5%에 2억 원을 대출받아야 하면 1년 동안의 이자는 1,000만 원이 된다. 이제 이 이자에 RTI의 수치를 곱하면 RTI를 만족하기 위한 연간 임대료를 알 수 있다. 최소한의 RTI를 통과하려면 1,000만 원의 120%인 1,200만 원의 임대수익, 무리 없이 RTI를 통과하려면 150%를 곱한 1,500만 원 이상의 임대수익을 그 오피스텔로 얻어야 한다.

만약 RTI 150%를 만족하기 어렵다면 2금융권을 이용, 임대소득에 기타개인소득을 더해 RTI 비율을 120%로 낮추어 대출받을 수도 있다. 비록 1금융권보다 금리는 조금 더 높더라도 1금융권보다 더 많은 대출 한도를 만들 수 있다.

물론 1금융권과 2금융권에서 모두 대출을 승인받지 못할 수도, 또 방공제 때문에 만족할 만큼 대출받지 못했을 수도 있다. 이럴 때 사용 할 수 있는 최후의 방법은 바로 상호금융(농협·신협·새마을)을 통한 '신 탁대출'이다. 방공제 없이 최대 LTV 80%까지 대출받을 수 있어 부족한 자금을 융통할 수 있을 것이다.

하지만 장점만 있는 것은 아니다. 신탁회사를 통해 대출받았다면 '신 탁등기'가 추가된다는 것을 명심하자. 상환하기 전까지 소유권이 내 명 의로 등기되었다가 다시 신탁회사의 명의로 넘어가며, 신탁등기 비용이 나 담보신탁의 유지보수 관리비용이 추가로 발생할 수 있다. 또 상호금 융에서도 신탁대출을 적극적으로 취급하는 지점만 다루기 때문에, 잔 금 일정에 맞추려면 사전에 모든 준비를 마쳐야 한다.

어렵고 복잡하며, 당장 소유권이 내게 없다는 것은 두려울 수 있다. 하지만 방공제가 없으며 레버리지를 극대화할 수 있다는 것은 분명한 장점이다.

이런 투자의 위험을 줄이고 싶다면 매물이 위치한 지역에 주목하는 것도 좋다. 오피스텔의 LTV 한도는 아파트처럼 규제지역, 비규제지역에 따라 몇 %라고 정해진 것이 아니며, 그 오피스텔이 위치한 지역의 경매 낙찰가율을 기준으로 LTV가 산정되기 때문이다. 만약 오피스텔 투자를 원하지만, 가계자금대출의 한도가 부족하다면 지방 거점 도시나 서울 외곽의 오피스텔을 고려해보자. 낮은 경매낙찰가율이 형성된 만큼 적은 한도로도 수월하게 투자할 수 있다.

또 사업자를 내지 않은 일반 투자자는 MCI·MCG의 보증보험도 해결책이 될 수 있다. 주택과 마찬가지로 오피스텔 또한 LTV 한도에서 방공제를 뺀 금액이 대출의 한도가 된다. 하지만 보증보험에 가입하면 방공제를 무시하고 최대한도의 대출을 받을 수 있다. 다만, 요즘처럼 오피스텔의 가격 변동이 큰 시기에는 안정성을 위해 MCI·MCG의 보증보험 가입을 꺼리는 금융사가 있어 미리 알아두는 것이 중요하다.

상가와 꼬마빌딩의
대출 전략

상가는 대표적인 수익형 부동산이다. 내가 직접 운영하면서 사업소득을 노리거나, 임대를 통해 임대수익도 만들 수 있다. 하지만 가장 매력적인 점은 임차인만 잘 구한다면 내가 받은 대출의 이자를 임차인의 월세로 대신하면서 추가적인 현금흐름까지 기대할 수 있다는 것이다.

장·단기 투자나 상가의 크기 등을 막론하고 경매 등을 이용해 저렴한 매물을 찾는다면, 부동산의 개선이나 분할 임대 같은 방법을 사용해 얼마든지 내 수익률을 높일 수 있다. 이렇게 수익률을 높여두면 다른 사람들에게도 매력적으로 보일 것이고, 매각을 통해 더 큰 수익을 노릴 수도 있다.

하지만 무조건 쉬운 것만은 아니다. 아무리 좋은 매물을 저렴하게 구했더라도 공실에 대한 두려움, 좋은 매물과 임차인을 찾기 위한 노력, 임대인들에게 터져 나오는 수리 요청 등을 이겨낼 기초 체력이 있어야 한다.

결국 정답에 가까운 것은 더 좋은 대출상품을 찾는 것이다. 모두가 경매나 부동산은 꼼꼼하게 공부해 온다. 시중의 부동산 경매 책들을

부동산 대출 수업

보더라도 더 싸게 낙찰받을수록 은행에 내야 하는 이자 부담이 줄어든 다는 식으로 대출을 간단하게 넘어가곤 한다.

이제 상가를 위한 대출 전략을 꼼꼼하게 확인하고 내가 투자해야 하는 자본금과 이자를 최대한 줄여보자.

상가의 종류와 한도 확인

상가는 크게 근생과 구분상가, 통상가로 나눠진다. 그리고 그 성격에 따라 가격측정 방식부터 대출까지 다르게 접근해야 한다.

먼저 구분상가는 다세대주택이나 아파트와 비슷한 개념이다. 호실이 개별적으로 분리되어 있어 개별적으로 분양과 매매를 할 수 있다. 등기 상에서도 호수와 소유자가 나뉘어 있다.

반면 근생과 통상가는 다가구주택에 가깝다. 층별로 임차인이 다르 더라도 등기상으로 구분되지 않으며, 꼬마빌딩이나 통건물처럼 토지와 건물이 하나의 등기부와 한 명의 소유자나 법인인 경우가 많다.

하지만 상가 투자의 가장 큰 문제는 아파트 거래에서 유용하게 사용한 〈KB부동산〉의 시세처럼 상가의 시세를 쉽게 찾을 수 없다는 것이다. 단지나 로얄층, 재개발처럼 큰 줄기로 시세를 평가할 수 있는 아파트와 다르게 상가는 하나하나의 입지와 특성이 다르기 때문이다. 배후지의 규모나 인근 상가의 시세부터 들어올 임차인의 업종까지 수많은 요소를 파악해야 한다. 그래서 상가는 아파트와 다르게 대출받기 전 감정평가를 거치게 된다.

먼저 근생과 통상가는 그 위치의 토지와 건물을 모두 감정하며, 건물 주변의 상권이나 입지, 유동 인구 등에 따라 감정가가 정해진다. 토지부터 건물까지 모두 낙찰받은 것이기 때문에 비교적 검토항목이 적다. 하지만 구분상가는 통상가와 다르게 낙찰받은 상가에서 몇 층인지, 건물의 전면에 드러나는지, 외벽의 간판을 사용할 수 있는지까지 세밀하게 검토한다. 그리고 이에 따라 바로 옆에 붙어있는 공간이더라도 감정가가 달라지곤 한다.

따라서 내가 입찰을 고려하는 물건이 생겼다면 미리 탁상감정을 해두자. 경·공매에서 알려주는 감정가와 실제로 대출받을 때 금융기관이 기준으로 삼는 자체 감정가 사이에 차이가 있을 수 있기 때문이다. 내예상보다 은행의 감정가가 낮다면 잔금을 치를 때 곤혹스러울 수 있다.

위기를 이기고 더 높은 한도를 얻는 대출 전략

매수 전 탁상감정을 거쳤거나 매매 후 금융기관의 감정, 혹은 경매에서 낙찰받았다면 기본적으로 감정가와 매매가, 낙찰가의 80% 중 더적은 금액으로 대출이 나오게 된다. 여기서 중요한 점은 내가 매수나낙찰받은 금액을 기준으로 생각하면 안 된다는 것이다. 매매나 경매 모두 감정가와 비교해서 더 낮은 금액이 대출한도로 정해진다.

하지만 보통 매매가와 낙찰가보다 감정가가 낮으므로 가능한 높은한도를 받으려면 감정가를 끌어올려야 한다. 감정평가 과정에서 제세공과금이나, 감리비, 리모델링 비용 등 감정평가를 높게 평가할 자료를 제공한다면 감정평가액 상승에 도움이 될 수 있다. 또한 오피스텔과 마찬가지로 상가 대출에 더 적극적인 담당자나 은행의 특정 지점을 찾는 것이 중요하다. 조금이라도 더 편하게 높은 대출한도를 얻을 수 있다.

여기까지가 개인이 미리 준비할 수 있는 영역이라면, 다음은 법적으로 개인이 해결할 수 없는 DSR 문제다. 오피스텔까지는 규제가 완화되어 개인 명의로 투자할 수도 있다. 물론 앞에서 설명한 것처럼 개인의 기존 대출이 DSR을 압박하기 때문에 오피스텔도 사업자를 내는 것이 좋지만, 적어도 개인이 투자 불가능한 수준은 아니다.

하지만 상가는 오피스텔 투자에서 완화된 규제들이 모두 살아있다. 개인이 상가를 담보로 대출받을 때 원리금 상환기간을 8년으로 설정해 DSR에 반영한다. 결국 개인의 상가 투자는 1금융권의 DSR 40%, 2금융권의 DSR 50%의 DSR 규제를 피하기 힘들다는 것이다. 상가에 투자할 때는 무조건 사업자와 법인을 이용한다고 생각하자. 상가의 사업자대출도 오피스텔처럼 일반사업자 대출과 임대사업자 대출로 나눌 수 있다.

먼저 상가의 일반사업자 대출은 오피스텔처럼 자신이 사용하기 위해 대출받아야 한다. 이때 오피스텔은 DSR, 상가는 RTI를 고려하지 않는다. 먼저 1금융권의 대출한도는 상가 감정평가액의 60%에서 방공제를 뺀 금액이다. 2금융권을 이용하면 감정평가액의 80%에서 방공제를 뺀 금액이 한도가 된다.

만약 상가에 처음 투자하지만, 기존에 1년 이상 사업을 꾸려나가던 사업자가 상가를 직접 사용하는 조건을 건다면 최대 90%까지 대출한도를 끌어올릴 수 있다. 이때 주의할 사항은 금융기관이 RTI보다 그 사람이 직접 운영하는 사업소득으로 이자를 상환할 수 있는지 확인한다는 것이다. 따라서 사업자 대표의 소득금액증명원, 사업자의 카드매출, 부가세표준증명원 같은 다양한 자료를 요구한다. 이런 서류를 잘 준비하거나 내가 할 사업을 명확하게 설명하는 것이 중요하다.

내가 금융기관에서 대출을 승인받지 못한 고객들에게 항상 강조하는 팁이 있다. ① 담당자가 질릴 정도의 임대차 계획 ② 내 계획에 공신력을 실어줄 추가 감정평가 ③ 다른 자산을 강조하는 '첨담보'다.

임대차 계획은 내가 가진 부동산에 숨은 가치를 담당자에게 납득시키는 것이다. 더 우수한 임차인을 데려오기 위해 어떤 조사를 했고, 그 임차인의 업종이 왜 중요하며, 입지를 개선하는 데 어떤 노력을 했는지 깔끔하게 정리해서 제출하면 최소한 담당자가 내 부동산에 한 번이라도 더 눈길을 주게 된다.

임대차 계획을 설명했다면 다음은 그 내용에 공신력을 더해줄 추가 감정평가다. 우리는 대출받기 전 탁상감정을 거쳐서 충분한 수익성이 있다고 생각하지만, 은행은 빌려준 돈을 받아내기 위해 최대한 보수적으로 '담보감정'을 진행한다. 하지만 위에서 설명한 것처럼, 상가의 가치는 감정평가사가 어떤 장단점에 집중하느냐에 따라 천차만별이다. 그렇다면 은행의 감정평가사가 보고 참고할 수 있도록 우리에게 유리한 평가를 함께 제출하는 것이다. 조금은 돈이 들더라도 공신력이 있는 유명한 법인에 의뢰할수록 효과가 좋다.

마지막은 첨담보다. 말 그대로 담보를 더 한다는 의미로 이 대출을 위해 내가 가진 다른 부동산을 제시하는 것이다. 아마도 상업용 부동산에 투자한다는 것은 이미 주택담보대출, 보금자리, 신생아 특례 등으로 내가 살 집을 구한 다음일 것이다. 기존 대출이 잔뜩 깔려있어 정책이나 규제를 회피할 방법이 없지만, 적어도 은행에 나는 다른 자산이 있다는 것을 보여주기에는 충분하다.

숙박 시설 사업자를 위한 대출 전략

모텔 등 숙박 시설의 대출 전략은 오피스텔이나 상가처럼 감정평가가 핵심이다. 상권과 입지, 객실 수, 매출 및 이익의 요소에 따라 대출의 실행 여부가 결정되며, 대출받는 차주 대표자의 신용등급에 따라 한도를 상향시킬 수도 있다. 또 지역별 경매 낙찰가율에 따라 LTV가 바뀐다는 점도 비슷하다.

하지만 분명히 숙박 시설만의 차이점도 있다. 그 이유를 알려면 건축물대장을 확인해야 한다. 건축물대장에 주택으로 등재되는 펜션이나 민박은 주택담보대출의 규정에 저촉되며, 만약 근린상가로 등재되어 있으면 상가로 규정되기 때문이다. 주택으로 등재된 펜션과 민박은 숙박 시설로 수익을 올리더라도 방공제의 대상이 되어 대출한도가 줄어든다.

따라서 대부분의 숙박 시설 담보대출은 확실하게 상가로 인식되는 모텔이나 호텔이 대상이 된다. 투자할 금액이 큰 만큼 대출금액이 늘어나고 금융기관의 심사도 더욱 꼼꼼해질 것이다. 미리 정확한 대출 전략을 계획하고, 혹시 모를 변수를 차단할 수 있도록 상세히 알아두자.

① 개인 사업자로 직접 운영하는 경우: 숙박업으로 사업자등록을 하고 시설을 직접 운영하면 대출의 진행이 수월하다. 이 경우 시설자금대출을 받게 되며, RTI의 규제를 받지 않아 단순히 직접 운영하는 숙박 시설의 실제 매출 현황을 바탕으로 대출이 결정된다.

하지만 만약 자본이 부족해 펜션이나 민박, 고시원 등의 숙박 시설을 운영하면 조금 복잡한 사전 조사를 거쳐야 한다. 위에서 간단하게 설명했지만, 펜션이나 민박 사업자가 방공제를 피하려면 매수하는 부동산이 건축물대장에 근린상가로 등재되었는지 확인해야 한다.

그렇다면 고시원은 어떨까? 객실이 많아서 아무 문제 없이 상가로 인정받을 수 있을까? 정답은 '아니오'다. 오피스텔과 비슷하게 간혹 주거용으로 취급될 때가 있다. 고시원은 보통 공동취사를 하지만, 호실마다 주방이 있으면 독립적인 가구로 취급해 주택으로 인정받게 된다. 또 도시가스 배관이 각각 분배된다면 이 또한 주거시설로 인정받는 근거가 된다. 전입 여부도 확인하자. 세입자가 전입해오면 건물의 형태가 고시원이더라도 전입한 호실은 주택으로 취급받고 방공제의 대상이 된다.

이럴 때는 내게 유리한 금융기관의 상품을 찾는 것이 중요하다. 한층에 10개의 객실이 있는 5층 건물을 매입한다고 가정해보자. 이때 모든 객실을 공제하면 50개의 방을 공제하게 된다면 이것만으로 내 대출 한도는 말라붙을 것이다. 하지만 특정 상품은 층마다 1개의 객실만 공제하고 대출을 승인받을 수 있다. 주택으로 규정 받는 것을 피할 수 없다면 10%의 출혈만 감내하고 내게 필요한 자금을 대출받자.

② 임대사업자로 직접 운영하며, 숙박 시설을 장기간 임대하는 경우: 장기 임대로 운영하기 때문에 관리가 수월하며, 금융 문제에 집중할 수 있다. 이때 임대사업자로서 벌어들인 임대료를 이자로 나눈 RTI가 120% 이상일 때 임대인의 다른 소득과 합산할 수 있으며, 이렇게 합산한 소득의 RTI가 150%를 넘으면 대출을 받을 수 있다.

③ 법인사업자의 경우: 숙박 시설을 다루는 법인사업자가 대출받을 때, 금융기관은 그 법인의 3년간의 재무제표로 수익구조를 평가한다. 따라서 법인사업자는 언제라도 좋은 조건의 대출을 받을 수 있도록 건강한 재무제표를 유지해야 한다.

만약 부득이한 사정으로 결손법인이 되었다면 차라리 신규법인의 명의로 대출받는 것이 더 유리할 수도 있다. 물론 신규법인은 금융기관이 이 법인을 평가할 자료 자체가 없어 상환능력을 파악할 수많은 자료를 요구한다. 예를 들면 대표자의 신용도나 소득을 증빙하는 서류 등이다. 법인의 상환능력을 파악할 수 없으니 대신 대표자의 상환 능력을 확인하는 것이다.

이런 여러 가지 난관이 있지만 꾸준히 상업용 부동산을 거래할 예정이면 법인사업자를 고려해보자. 법인 명의를 이용하면 차주 분리가 되어 개인 DSR의 적용도 받지 않고 내 DSR을 아낄 수 있기 때문이다. 또 세금에서도 많은 혜택이 있다.

또 자신이 신설 법인을 세웠다면 꾸준히 재무제표를 관리하자. 보통 숙박 시설을 매매할 때는 각종 세금을 감면받기 위해 법인을 통째로 양도하곤 한다. 하지만 재무제표 관리를 철저하게 하지 못하면 양도 시 대출 승계나 대환에 차질이 생겨 거래가 틀어질 수 있다.

숙박 시설 중 모텔 대출을 위한 기본서류

- 모텔 사업자등록증

- 최근 1년간의 월별 매출 현황. 현금영수증, 카드, 온라인 매출(숙박앱 포함)

  등 증빙자료

- 대출필요자금 및 자금용도

- 현재 대출 금융거래확인서

- 대표자 소득증명 및 재산 현황

- 법인일시 최근 3개년 재무제표

지식산업센터의
대출 전략

　지식산업센터는 도심이나 신도시에서 흔하게 찾아볼 수 있는, 중소기업이나 사무실, 공장 등이 입주한 상업용 부동산이다. 2009년까지는 '아파트형 공장'으로 불렸지만, 법률이 바뀌며 새로운 이름으로 다시 태어났다. 기존의 투박한 모습과 다르게 깔끔한 사무용 공간이나 오피스와 주거를 겸용하는 형태, 또는 기숙사처럼 다양한 모습으로 활용되고 있다. 2020년도부터 시작된 부동산 붐을 타고 널리 알려졌으며, 다주택자의 일반주택 중과세에 대한 규제로 인해 반사이익을 크게 누렸다고 볼 수 있다.

　지식산업센터도 결국은 상업용 부동산이기에, 투자자 대부분은 개인대출이 아닌 사업자대출로 투자를 진행했다. 차주가 개인이면 DSR 소득요건을 충족해야 해서 충분한 한도를 받기 힘들뿐더러, 차후 신용대출이나 주택담보대출을 받을 때 지식산업센터의 대출이 DSR에 부담을 가해 추가로 대출받기 힘들기 때문이다.

이때 대출의 최대한도는 감정가 대비 70%~80%까지도 대출이 나오며, 여기서 지역별로 상이한 상가소액임차인 최우선변제금을 제외하면 대출의 최대한도가 되었다.

지역별 최우선변제금의 차이

지역구분	최우선변제금
서울특별시	2,200만 원
수도권과밀억제권역	1,900만 원
광역시	1,300만 원
그 밖의 지역	1,000만 원

투자처로서 지식산업센터의 이점은 위에 적은 것으로 끝이 아니다. 성수나 삼송, 구로 등 일자리가 많은 지역의 지식산업센터는 단순히 월세를 받아 이자를 충당하고 월세 수입을 얻는 것에 그치지 않고, 폭등하는 시세에 힘입어 더 큰 매매차익까지 볼 수 있는 좋은 투자처였다.

이런 뜨거운 반응의 바탕에는 세금이나 규제 완화 등 정부나 지자체의 적극적인 지원이 있었다. 계약단계에서 10%의 계약금만 가지고 소액 투자를 할 수 있었으며, 아파트 청약에 당첨됐을 때처럼 이후 완공되는 시점까지 중도금대출로 버티고 완공 시 분양가의 80% 정도를 대출받아 중도금대출을 갚으며 최종 잔금을 치를 수도 있었다. 또한, 분양가 대비 월세 수익률이 좋아 RTI를 충족하기도 쉬웠다.

여기에 직접 지식산업센터를 사용하는 것이 아니라면, 완공되었을 때 프리미엄을 붙여 전매하거나, 또는 입주할 월세 세입자의 보증금 등을 활용해서 실제 투자금을 분양가의 20%이하로 낮추어 소액 투자를 극단적으로 이용할 수 있는 부동산이었다.

하지만, 최근에는 공급과잉과 높은 분양가 그리고 부동산 침체 등으로 인해 고전을 면치 못하고 있다. 얼마 전 특집 방송에 나올 만큼 공급과잉 지역에 지식산업센터는 공실이 많아 투자자에게 큰 부담으로 남은 예가 있다. 또 업무용 지식산업센터가 아닌 1층이나 2층의 편의시설과 상가 용도의 공간을 지나치게 높은 분양가로 분양해, 공실로 남은 경우가 많다.

그러나 안 좋은 소식만 있는 것은 아니다. 공실 폭탄이라며 지나치게 공포감을 자극한 것이 되려 홍보로 이어지기도 했다. 얼어붙은 시장에서 낮아진 임대료나 매매가가 중소기업들의 입주를 부르기도 했다. 또 서울과 수도권에 지나치게 밀집된 지식산업센터에서 눈을 돌려 지방의 현황을 살펴보면 의외의 기회를 잡을 수도 있다.

모든 대출은 레버리지라는 양면의 칼을 가지고 있다. 대출을 활용해서 수익을 극대화할 수도 있지만, 반대로 손해가 극대화되며 대출에 따른 이자를 감당하지 못하고 큰 경제적 위험에 처할 수도 있다. 따라서 상업용 부동산에 투자할 때는 상품 및 지역에 대한 면밀한 분석과 검토가 필요하다. 또 최악의 경우라도 이자를 감당하며 버틸 수 있는지 등 사전에 여러 상황에 대한 계획을 세워 대출을 활용하기를 추천한다.

렌트프리 특약으로 지키는
내 임대료

만약 임대차계약을 갱신할 때 임대료가 낮아지리라 예상된다면 임차인과 협의 후 렌트프리 특약을 이용해보자. 이 특약은 부동산 시장에서 임대인과 임차인 사이에 널리 사용되는 전략으로, 임대료를 낮추는 대신 임차인에게 일정 기간 임대료를 내지 않고 부동산을 이용하게 하는 것이다.

주로 상업용 부동산에서 많이 사용하는 전략으로 상가 임대인들이 종종 임대료를 내리기 어려운 상황에서 공실률이 길어지면 재정적 부담을 줄이기 위해 렌트프리 기간을 도입한다. 임차인에게 몇 달 동안 월세를 받지 않고 임대를 제공하는 것을 의미하며, 상가의 가치 보전을 노리는 전략이다.

예를 들어, 월 임대료가 100만 원인 상가에 3개월 동안 렌트프리 기간을 제공하면 그해의 수입은 9개월 치의 임대료인 900만 원이 된다. 하지만 임대료 자체는 여전히 100만 원을 사수했으므로, 연 1,200만 원의 임대료를 기대할 수 있는 상가로 남았다. 이는 연 2%의 임대수익률을 기준으로 삼았을 때 상가의 매매가격을 6억 원으로 유지한 것이다(6억 원 × 0.02 = 1,200만 원).

반면 월 임대료를 80만 원으로 낮추면 그해의 임대수익은 960만 원이 되지만, 상가의 매매가격은 4억8,000만 원으로 가치가 떨어지게 된다(4억8,000만 원 × 0.02 = 960만 원). 즉, 20만 원이라는 월 임대료의 작은 차이가 매매가격에 무려 1억2,000만 원의 영향을 미친 것이다.

결국, 렌트프리는 임대인에게 장기적인 공실 방지와 건물관리비용 절감의 기회를 제공하는 동시에, 임차인에게는 초기 비용 부담을 줄이고 사업에 필요한 자본을 확보할 기회가 된다. 임대인과 임차인 모두에게 이익이 되는 렌트프리 전략을 적절하게 활용해보자.

대출의 마지막 보루,
신용대출의
정석

절실한 순간에 반드시 필요할 신용대출 이해하기

대출은 크게 담보가 있는 담보대출과 담보가 없는 신용대출로 분류할 수 있다. 위에서 조금씩 언급한 것처럼 신용대출은 채권자가 채무자의 신용을 보고 대출해주는 것이기에 담보대출보다 한도가 적고 금리는 높다. 하지만 담보대출을 받기 어렵거나 담보가 없다면 결국 신용대출을 받아야 해서 짚고 넘어가려 한다.

담보대출과 신용대출의 주요 차이

	담보대출	신용대출
대출한도	높음 ▲	낮음 ▼
대출금리	낮음 ▼	높음 ▲
대출절차	복잡 ⇄	간단 →

신용대출의 장점은 대출 절차가 간단해서 빠른 대출이 가능하며, 처음 정해진 한도 안에서 자유롭게 돈을 빌리거나 갚을 수 있다는 점이다. 담보대출처럼 추가로 대출받을 때 복잡한 서류나 심사가 없고, 중도상환수수료도 없다. 또한 사용한 금액과 빌린 일자에 따라 이자가 결정되기 때문에, 빠르게 갚을 수 있으면 중도상환수수료가 있는 일반 대출보다 오히려 부담이 적을 수도 있다.

하지만 단점도 명확하다. 위에서 충분히 설명한 것처럼 내 DSR·DTI에 악영향을 끼치는 것이다. 담보대출보다 대출 기간이 짧게 설정되어 같은 금액을 빌리더라도 담보대출보다 DSR·DTI 한도를 훨씬 더 많이 잡아먹는다. 또한 신용대출 중 마이너스 통장은 실제로 사용하지 않더라도 설정해둔 한도가 모두 빚으로 잡힌다. 잊고 있던 마이너스 통장 하나 때문에 분양권이나 내 집 마련, 투자 계획이 무너질 수 있다.

그러니 영화 〈대부〉의 '친구는 가까이, 적은 더 가까이'라는 명대사처럼 언젠가 마주할 신용대출을 써야 하는 상황을 미리 준비해두자. 신용대출을 관리하는 방법부터 오해와 진실까지 꼼꼼히 알아보자.

대출에서 중요한 신용점수 관리하는 방법

2021년부터 모든 금융권에서 신용등급제가 폐지되고 신용점수제가 도입되었다. 이렇게 바뀐 이유는 등급의 변별력이 떨어졌기 때문이다. 예를 들어 6등급의 최하위인 사람과 7등급의 최상위인 사람의 신용은 큰 차이가 없다. 하지만 1금융권에서 대출받으려면 최소한 6등급 이하여야 했고, 불과 1점, 2점 차이로 7등급으로 판정되면 2금융권을 이용해야 했다. 더 높은 금리의 대출을 이용하며 악영향을 받을 수 있는 만큼 빠른 시정이 필요했다.

　이에 2021년도부터 도입된 신용점수제는 1점부터 1,000점까지, 이 점수가 높을수록 신용이 높다고 평가한다. 모든 신용을 1점 단위로 환산하며 더 정밀하게 개인의 신용도를 평가할 수 있게 되었다.

신용점수의 예시

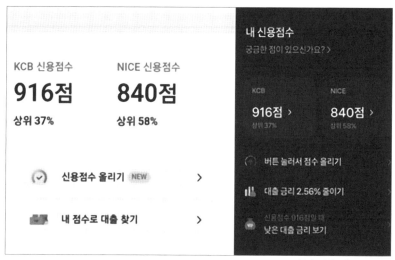

　신용점수는 크게 KCB와 NICE 점수로 나뉜다. 보통 1금융권은 KCB 점수를 많이 활용하며, 그 외에 보험사 등 2금융권에서는 보통 NICE 점수를 많이 활용한다. 이 두 점수 모두 스마트폰의 카카오뱅크나 토스뱅크 등을 이용해서 빠르게 확인할 수 있으며, 신용점수의 변동 및 상승 이유도 볼 수 있다.

　그렇다면 이렇게 대출에서 중요한 자본주의의 점수인 신용점수를 어떻게 관리하고 올릴수 있을까? 첫 번째는 가장 직관적인 방법일 기존 대출의 상환이다. 이때 대출을 상환하면 좋은 순서가 따로 있다. 기본은 P2P나 대부처럼 초고금리의 대출부터 갚아나가, 이후는 비교적 저금리인 2금융권, 1금융권 순으로 갚는 것이다. 우리가 대출받을 때 고려하는 순서의 역순이라고 생각해도 좋다. 다음은 오래된 대출이나 소액 대출을 없애야 한다. 총대출금이 1억 원인 대출 한 건을 갚는 것보다 수백만 원 단위의 자잘한 대출 여러 건을 갚는 것이 신용점수에 더 큰 영향을 미칠 수 있다.

두 번째는 간편하다는 이유만으로 카드론과 현금서비스를 이용하지 않는 것이다. 대출금액이 많지 않더라도 그 금액 이상의 신용점수 하락을 불러온다. 자잘하게 여러 번 나누어 받는다면 한 번에 그 돈을 빌리는 것보다 더 급격하게 신용점수가 떨어진다.

세 번째는 조금 의외일 수 있지만 신용카드의 한도를 최대한 늘리는 것이다. 물론 소비를 줄이기 위해 신용카드 한도를 최소한으로 유지하는 것은 건전한 소비다. 하지만 그 신용카드만 주로 사용한다면 한 달의 최대한도 가까이 사용할 것이고, 늘 한도 가까이 사용하는 것은 신용점수에는 되레 안 좋은 영향을 미칠 수 있다. 하지만 한도를 늘려 최대 20% 이내의 한도만 사용하면 건전한 소비로 여겨져 점수 관리가 쉬워진다.

네 번째로 좋은 신용점수를 받기 위해서는 상황에 맞는 카드사용도 중요하다. 상환일에 맞춰 카드 대금을 상환한 이력이 쌓일수록 신용점수에 유리하다. 하지만 연체가 발생하면 평점이 급격히 떨어질 수 있으니 카드 대금을 납부하는 통장에는 항상 얼마간의 돈을 예치해두자.

마지막은 통신비나 국민연금, 건강보험 등을 6개월 이상 연체하지 않고 성실히 납부했다면 이러한 사실을 신용평가사에 전달하여 신용점수 가산점을 받는 것이다. 이때 카카오뱅크나 토스뱅크 같은 앱에서 제공하는 '신용점수 올리기' 서비스를 통해 나의 납부내역을 신용평가사에 쉽고 빠르게 전달할 수 있다. 단숨에 몇 점에서 몇십 점까지 신용점수를 올릴 수 있으니 적극적으로 사용해보자.

간단히 알아보는
신용점수·대출의 오해와 진실

　위에서 친구는 가까이, 적은 더 가까이라고 설명했지만, 엄밀히 말하면 이 또한 신용점수와 대출에 대한 편견을 보여주는 것일지도 모른다. 현명하게 사용한다면 신용대출은 어려운 상황을 풀어낼 열쇠가 되기도 하며, 또 다른 투자의 기회를 잡게 도와줄 디딤돌이 되기 때문이다.

　하지만 신용대출은 어려운 상황에서 사용하는 만큼 최후의 수단이며, 일이 잘못되었을 때 가장 먼저 원망의 대상이 되곤 한다. 이런 오해가 쌓이다 보니 신용대출로 투자를 진행해야 한다는 말을 투기라고 받아들이는 사람이 많았다. 신용점수와 대출에 관한 오해를 풀 담백한 진실들을 읽어보자.

① 신용점수 조회를 많이 하면 신용점수가 떨어진다?

　가장 잘못 알고 있는 사실 중 하나가 바로 '신용점수를 조회하면 신용점수가 내려간다'이다. 물론 과거에는 신용조회기록이 신용점수에 영향을 미쳤다. 하지만 2011년 4월, 〈금융위원회〉에서 신용조회를 이유로 신용점수가 내려가는 문제를 개선하겠다고 발표한 뒤 2011년 10월부터 신용을 조회하는 행위는 점수에 반영되지 않고 있다. 따라서 신용조회를 한다고 점수가 곧바로 떨어지지는 않는 것이다.

② 신용카드 보유 수량이 많으면 신용점수가 떨어진다?

위에서 잠깐 말한 것처럼 신용카드의 한도와 사용패턴은 신용점수에 영향을 미친다. 신용카드의 개수가 신용점수에 영향을 주진 않지만, 신용카드를 단기간에 여러번 발급받으면 영향을 미칠 수도 있다. 새로운 카드의 발급을 위해 금융기관에서 시행하는 신용조회는 신용점수에 영향을 줄 수 있기 때문이다. 단기간에 여러 장의 카드를 발급받으면, 금융기관은 급전이 필요한 것으로 인식할 수 있어 신용점수에 유의미한 영향을 미친다.

③ 대출받지 않으면 신용점수가 높다?

대출 등의 금융거래가 아예 없다고 높은 신용점수를 받는 것은 아니다. 사회초년생이나 대학생 등이 좋은 예시가 될 것이다. 단발성의 거래는 이루어졌어도, 세금이나 공과금 등 꾸준한 거래나 납부가 이루어지지 않았기에 대출받은 적이 없어도 낮은 신용점수를 받는 경우가 있다. 신용카드와 마찬가지로 대출 역시 나의 상환능력에 맞춰 사용하고, 이자를 꾸준히 문제없이 납부한다면 신용점수에 부정적인 영향을 미치지 않는다.

④ 공과금 연체 시 신용점수가 떨어진다?

연체는 신용점수 하락의 주요 원인이다. 하루나 이틀 정도의 공과금 연체는 신용점수에 영향을 미치지 않지만, 5영업일 이상 국세, 지방세, 관세 등 세금을 연체한 경우는 빠르게 신용점수에 영향을 미친다. 조금은 결이 다르지만, 오히려 가장 주의해야 할 것은 핸드폰이다. 핸드폰의 할부 대금이나 요금을 연체하면 신용점수에 바로 반영된다.

⑤ 연체한 각종 대금을 상환하면 바로 신용점수에 반영된다?

아쉽게도 아니다. 연체 즉시 바로 상환해도 낮아진 신용점수는 즉각 상승하지 않는다. 한 번이라도 연체한 사람은 차후에 연체할 가능성이 높다고 판단하는 신용조회회사의 기준 때문이다. 연체 내역은 상환을 완료해도 최장 5년까지 기록이 남게 된다. 다만, 연체 금액이 10만 원 미만이거나 연체 기간이 5영업일 미만일 경우 금융사의 기록에는 남지만, 신용점수 평가에는 반영되지 않는다.

⑥ 신용카드만 사용하면 체크카드는 쓸 필요가 없다?

신용카드와 체크카드를 모두 발급받았다면 체크카드로도 일정 금액 이상을 소비해 신용점수를 쌓아두어야 한다. 월 30만 원 선에서 6개월 이상 꾸준히 사용하면 적게는 4점에서 많게는 40점까지 가점을 받을 수 있다. 또한 체크카드 실적 혜택을 받는 금액도 대부분 30만 원 선이기 때문에, 신용점수 상승과 실적 혜택을 동시에 누릴 수 있도록 체크카드를 활용하는 것을 고려해보자.

여기서 한 가지 신용카드를 제대로 사용하는 꿀팁이 있다. 우리는 신용카드를 만들 때 결제일을 설정한다. 하지만 대부분은 연체를 피하고자 월급날에 가까운 날을 골랐을 것이다. 그러다 보니 대부분의 신용카드 결제일은 20일에서 25일 전후로 지정되어 있다. 하지만 이런 무신경함에서 벗어나 내게 가장 유리한 신용카드 결제일을 찾는 것이 중요하다.

신용카드의 경우 물건을 사면 바로 돈이 빠져나가는 것이 아니다. 신용공여기간이라 하여 카드로 결제한 기간과 실제 돈을 고객이 카드사에게 납부하는 기간은 최대 한 달 이상의 시차가 있다. 이때 내가 선택한 결제일에 따라 신용카드로 사용한 금액의 합산이 달라진다.

카드사별 1일~말일의 이용대금 납부 결제일

결제일	카드사
12일	현대카드
13일	농협카드, 하나카드, BC카드
14일	신한카드, 삼성카드, 국민카드, 롯데카드, 우리카드

우리가 일반적으로 지정해 둔 20일~25일이라는 결제일에는 지난달 중순부터 이달 중순의 결제액을 청구받게 된다. 그러나 14일로 결제일을 지정하면 보통 지난달 1일~말일의 결제액을 청구받아, 나의 소비를 손쉽게 파악할 수 있다. 이 14일은 국내 대부분의 카드사에 해당하지만, 몇몇 특이한 경우를 표로 정리했다.

정부가 지원하는
중·저신용자 대출상품 총정리

신용점수가 매우 낮거나 소득이 낮아 대출받기 어려운 경우를 위해 정부에서 지원하는 저신용자 대출상품이 있다. 아래 소개한 상품들은 모두 정부가 운영하는 '정책서민금융상품'이다

햇살론

① 근로자햇살론

'근로자햇살론'은 연소득 3,500만 원(신용점수 하위 20%의 경우 4,500만 원) 이하며, 최근 1년 이내 3개월 이상 직장에 재직한 근로자를 위한 햇살론 상품이다. 최대 대출한도는 2,000만 원이며, 금리는 은행마다 다르지만 대략 7%~11% 수준이다. 대출 기간은 3년 또는 5년, 상환방식은 원금균등분할상환이다. 현재 농협과 신협, 수협, 저축은행, 보험사 등에서 취급하고 있다.

② 햇살론 유스

　'햇살론 유스'는 대학생이나 대학원생, 취업준비생, 사회초년생 등 연소득이 3,500만 원 이하인 만 19세~만 34세 청년들의 경제활동을 지원하기 위해 만든 금융상품이다.

　자금 용도에 따라 일반생활자금과 특정용도자금으로 구분되며 일반생활자금은 1회 최대 300만 원, 연 600만 원까지 대출받을 수 있다. 학업이나 취업 준비, 의료비, 주거비용을 위한 특정용도자금은 1회 최대 900만 원, 연 900만 원까지 대출받을 수 있다. 최대 1,200만 원까지 대출받을 수 있지만, 이 한도는 동일인 1인에게 주어지는 최대한도이므로 상환하더라도 이 상품을 다시 쓸 수 없는 것에 주의하자.

　금리는 3.6%~4.5%로 보증금과 거치기간에 따라 바뀐다. 대출기간은 8년에서 최대 15년이며, 거치기간은 1년에서 7년까지 가능하다. 다른 햇살론에 비해 낮은 금리와 여유로운 거치기간이 특징이다.

③ 햇살론 뱅크

　'햇살론 뱅크'는 기존의 정책서민금융상품(햇살론, 새희망홀씨 미소금융 등)을 6개월 이상 이용했거나 완납한 사람 중, 부채가 줄었거나 신용점수가 오른 사람에 한해 신청할 수 있다. 대출기간은 3년 또는 5년으로 최대 1년 동안 거치가 가능하며, 최대 2,500만 원까지 대출이 가능하다. 이때 금리는 5%~9%로 은행마다 상이하다.

　하지만 1금융권을 통해 진행되는 만큼, 햇살론 유스를 제외하면 다른 햇살론 상품보다 금리가 더 저렴하다는 장점이 있다. 정책서민금융상품을 이용한 뒤 다시 햇살론을 이용한다면 이 상품을 이용하는 것을 추천한다.

④ 햇살론 15

연 소득 3,500만 원 이하 또는 신용점수 하위 20% 이하이면서 연소득 4,500만 원 이하인 사람들을 지원하기 위해 나온 상품이다. 대부업이나 불법사금융 등 고금리 대출의 피해를 줄이고자 출시했다. 대출한도는 2,000만 원이며 금리는 15.9%로 다소 높지만, 성실하게 상환한다면 매년 금리를 인하해주는 독특한 제도가 있다. 대출기간을 3년으로 설정했다면 매년 3%씩, 대출기간이 5년이라면 1.5%씩 낮아진다.

기타 정책서민금융상품

① 최저신용자 특례보증

'최저신용자 특례보증'은 연소득 4,500만 원 이하, 신용평점 하위 10%(24년 기준 KCB 675점 또는 NICE 724점 이하)면서 연체 등으로 '햇살론 15'의 승인이 거절된 사람들이 선택할 수 있는 대출상품이다. 최초 대출 시 최대 500만 원, 이후 6개월 이상 정상적으로 상환하면 최대 500만 원까지 추가 대출이 나오는 것이 특징이다. 금리는 단일금리로 연 15.9%이나 성실하게 상환 시 1년마다 금리를 인하해준다. 상환기간은 3년 또는 5년 중 선택하여 원리금균등분할상환이 가능하다.

② 새희망홀씨 2

'새희망홀씨 2'는 연소득 4,000만 원 이하 또는 4,000만 원 초과 5,000만 원 이하이면서 신용평점 하위 20%에 해당하는 근로자, 자영업자, 프리랜서들을 위한 대출상품이다. 최대 3,500만 원까지 대출해주며, 금리는 7%~10% 수준으로 최장 7년까지 원금균등 또는 원리금균등분할상환이 가능하다.

　하지만 가장 큰 특징은 낮은 금리에도 불구하고, 국민은행이나 신한은행, 우리은행, 하나은행 등 1금융권에서 취급한다는 것이다. 햇살론보다 금리가 낮으므로 대출조건을 충족한다면 새희망홀씨 대출을 먼저 이용하는 것을 추천한다.

③ 미소금융

　'미소금융'은 신용평점 하위 20% 이하나 기초생활수급자, 차상위계층 이하 또는 근로장려금 신청 대상자 중 창업자금과 운영자금, 시설개설자금, 긴급생계자금 등을 지원해주는 서민금융 상품이다.

　미소금융을 대출받기 위해선 상담예약이 필요한데, 〈서민금융진흥원〉의 앱에서 본인확인과 자격조회를 통과해야 한다. 이 과정을 통과했다면 개인정보를 입력하고 대출기관을 선택, 기관심사를 거친 결과에 따라 지점을 방문하면 된다.

　이중 창업자금은 자금의 용도에 따라 대출의 한도가 차등적용되며, 최대 7,000만 원까지 대출받을 수 있다. 창업 초기의 운영자금이나 시설자금을 빌릴 수도 있으며, 최대 2,000만 원까지 대출이 가능하다. 단, 초기 운영자금 등은 차주가 창업자 본인이어야 하며, 사업자를 등록한 뒤 6개월 미만이어야 한다. 금리는 4.5%며 1년의 거치기간을 포함해 최대 6년까지 원리금균등분할상환이 가능하다.

　운영자금은 사업자등록 후 6개월 이상 운영 중인 자영업자의 제품 원재료 구입 비용 등을 지원한다. 대출한도는 최대 2,000만 원이지만, 프리랜서의 경우 최대 1,000만 원, 무등록 사업자에게는 최대 500만 원의 상한이 있다. 금리는 연 4.5%로 6개월의 거치기간을 포함해 최대

5년 반 동안 원리금균등분할방식으로 상환할 수 있다.

시설개선자금은 사업자등록 후 6개월 이상 운영 중인 사업장 시설 개선비를 지원해주는 자금이다. 최대한도는 2,000만 원에 연 4.5%의 금리, 최장 5년 반 동안 대출받을 수 있다.

마지막은 긴급생계자금이다. 기존 미소금융 이용자 중 창업·운영·시설개선자금을 대출받고 12회차 이상 성실하게 상환한 사람만 신청할 수 있다. 최대 1,000만 원의 한도 내에서 연 4.5% 금리로 최장 5년간 대출이 가능하다.

한 번에
모든 금융사 조회하기

전통적인 1금융권 은행들은 수십 년에 걸친 신뢰와 안정성을 바탕으로, 오프라인 지점에서 진행되는 신용대출 서비스를 제공한다. 고객은 은행 지점을 방문하여 대출 상담원에게 자신의 재정 상태, 신용 이력 및 대출 목적 등을 알리고, 은행 창구의 대출 상담원은 이 정보를 바탕으로 가장 적합한 대출상품을 추천해줄 것이다. 그리고 고객이 입증을 위해 가져온 서류의 평가가 끝나면 대출이 실행된다.

이는 상대적으로 긴 시간이 걸리더라도 고객과 은행 모두에게 더 정밀한 신용과 위험 평가를 제공하는 장점이 있다. 또한, 한 금융사에서 오랫동안 거래해 왔다면 월급이나 금융수익 등 나에 대한 다양한 정보를 가지고 있어, 내 상황에 맞춘 조정을 받을 수도 있다. 하지만, 우리가 필요할 때 대출을 받으려면 미리 준비하고 한 번에 승인이 나야 한다는 부담감도 있다.

은행의 통합조회 홍보 이미지

**복잡한 서류 제출 없이
스마트폰에서**

귀찮게 은행지점을 방문하게 하거나, 복잡한 서류를 제출하지 않습니다.
간편하게 인증서로 서류 제출을 대신할 수 있습니다.

1 Step 한도/금리 조회
고객님의 한도와 금리의 실제 결과를 조회할 수 있습니다.

2 Step 재직/소득 정보 확인
스마트폰 또는 PC에 인증서가 있는 경우,
인증서 비밀번호 입력만으로 서류 제출이 완료됩니다.

3 Step 모바일 대출 계약서 작성
본인이 필요한 금액 및 세부 내용을 확인하고 신청서를 작성합니다.

4 Step 대출 실행
계약서 작성이 완료되면 바로 대출이 실행됩니다.

이제는 복잡한 서류를 제출하지 않고, 쉽고 빠르게 1금융권과 2금융권 속 금융사 수십 곳을 비교할 수 있다. 카카오뱅크와 토스뱅크 등을 통한 '신용대출 통합조회'가 그것이다.

이들은 단 한 번의 신청으로 수십가지 대출의 조건과 금리, 한도, 자격 등을 찾아주며, 일일이 금융기관을 찾아갈 필요 없이 핸드폰 속 플랫폼에서 서비스를 제공하고 있다. 또한, 온라인 스크래핑 기술을 활용하여 사용자의 금융 정보를 자동으로 수집하고, 이를 바탕으로 대출한도와 금리를 산정한다.

이 과정은 복잡한 서류 작업을 줄이고 신속한 대출 승인을 가능하게 하며, 사용자는 인터넷 접속이 가능한 어디서나 대출 신청을 할 수 있다. 또한, 우대 금리 적용을 통해 경쟁력 있는 조건을 제공하며, 모든 대출 조건이 명확하게 공개되어 사용자가 정보에 기반한 결정을 내릴 수 있도록 한다.

또 7교시의 '간단히 알아보는 신용점수·대출의 오해와 진실'에서 알아본 것처럼 신용대출을 조회하는 것만으론 신용점수에 영향이 없으니 안심하고 사용하자. 다만 정말 필요할 때 한두 번 사용해야 하는 것이지, 단기간에 카드나 보험, 각기 다른 금융기관이나 플랫폼에서 과도하게 조회하면 대출 가능성에 부정적인 영향을 줄 수 있다는 것을 명심하자.

따라서 본인의 한도와 금리 등 다양한 신용대출을 비교하고 싶다면, 신용대출 통합조회 서비스를 잘 활용해보자. 신용대출·중신용대출·중신용플러스대출·햇살론 등 내가 받을 수 있는 다양한 신용대출을 빠르게 조회해 볼 수 있으며, 대출에 필요한 복잡한 과정도 내 핸드폰을 이용한 전자서류로 대체해 신청한 당일에 대출받는 것도 가능하다.

신용대출을 받기 전
가장 궁금한 질문들

Q 신용대출에 필요한 서류는 어떤 것이 있나요

A 직장재직 정보 및 연소득 확인을 위해 〈국민건강보험공단〉의 건강보험자격득실확인서, 건강보험료납부확인서가 필요합니다.

Q 신용대출을 이용하면 신용점수가 낮아지나요?

A 신용대출 이용은 신용점수 하락에 직접적인 영향을 주는 것은 아니지만, 이미 다른 금융기관을 포함한 대출 건수 및 대출금액이 많은 경우에는 신용대출도 신용점수에 영향을 미칠 수 있습니다.

Q 만기일시상환방식의 신용대출과 마이너스 통장은 어떻게 다른가요?

A 만기일시상환방식의 신용대출은 대출금액을 일시에 받아서 대출만기까지 매월 이자만 납부하다가 대출만기에 원금 및 이자를 모두 상환하는 대출방식입니다.

반면 마이너스 통장은 입출금통장에 대출한도를 설정하여 대출

기간에 한도 내에서 필요한 금액을 자유롭게 사용하고(이자는 사용한 금액만큼 매월 출금), 대출만기 시 잔액과 이자를 모두 상환하는 대출방식입니다.

Q 신용대출은 다른 은행 등에서 이용 중인 대출한도와 관계가 있나요?

A 신용대출은 고객님의 신용점수, 대출상환능력, 부채 현황 등에 따라 대출한도가 결정되므로, 다른 은행 등에서 대출을 이용하고 있으신 경우 대출한도에 영향을 줄 수 있습니다. 신청에 제한이 있는 것은 아닙니다. 다만 대출 심사에는 전 금융기관의 개인이나 기업 대출이 모두 반영됩니다.

Q 신용대출의 최고한도와 금리는 얼마인가요?

A 연소득과 신용점수, 채무상환능력, 개인의 부채 상황 등에 따라 다릅니다. 신용대출의 한도는 최대 3억 원 전후이며, 금리는 고객님의 신용도에 따라 달라집니다.

Q 퇴사 전에 받은 신용대출이 있습니다. 퇴사 후 소득 확인이 안 된다면 신용대출 연장이 불가능한가요?

A 기존 직장을 퇴사하였거나 건강보험공단 자격요건 변동 등에 따라 소득 확인이 어렵더라도 연장할 수 있습니다. 다만 고객님의 거래현황이나 신용 상태 등을 반영한 신용 평가의 결과에 따라 한도와 금리가 달라질 수 있습니다.

좋은 대출을 활용하여
자산을 늘리자

완독과 함께 기나긴 대출 수업을 마친 여러분을 진심으로 축하한다. 책의 흐름을 잘 따라왔다면 이제 여느 대출상담사 못지않은 다양하고 체계적인 지식을 가지게 되었을 것이다.

나는 책을 쓰기 전부터 어떻게 하면 복잡한 대출 정보를 여러분의 제각기 다른 상황에 적용할 수 있을지를 끊임없이 고민했다. 그리고 그 고민과 함께 실제로 도움이 될 수 있도록 책을 적어나갔다. 책 안에는 대출에 대한 오해를 다잡고, 전세부터 매매, 부동산을 이용한 투자, 신용을 이용한 대출까지 최대한 다양한 정보를 전하기 위한 내 노력이 담겨있다. 목차별로 정리한 내용 속에서 자신에게 필요한 부분을 찾아 최적의 대출을 받길 바란다.

또 대출은 정책과 시기에 따라 끊임없이 크고 작은 변화가 생긴다. 하지만, 기본적인 용어나 큰 틀에서 대출의 원리는 바뀌지 않을 것이다. 따라서 앞으로 한 번쯤은 꼭 마주칠 대출 상황에서 당황하지 않고 책으로 배운 정보를 활용해 정말로 좋은 대출만을 받아내길 바란다.

알면 즐겁고 모르면 무섭다고 한다. 물론 이 책 하나로 대출을 완벽하게 다룰 수 있다고 기대하지는 않는다. 하지만 이 책을 읽으며 대출뿐만 아니라 부동산에도 관심을 가질 수 있을 것이다. 그 관심을 시작으로 생각이 바뀌고 행동으로 이어져 인생에서 한 번쯤은 꼭 필요한 대출을 잘 활용하리라 믿는다.

여러분에게 불편함과 무서움으로 다가오던 대출. 양날의 검과 같은 대출(레버리지)을 잘 활용해 좋은 자산을 많이 보유하는 행복한 부자의 삶을 살기를 진심으로 기원한다.

부동산 대출 수업

1판 1쇄 인쇄 2024년 6월 3일
1판 1쇄 발행 2024년 6월 10일

지은이 박순호
발행인 김형준

책임편집 허양기, 박시현
마케팅 기소연
디자인 최치영

발행처 체인지업북스
출판등록 2021년 1월 5일 제2021-000003호
주소 경기도 고양시 덕양구 삼송로 12, 805호
전화 02-6956-8977
팩스 02-6499-8977
이메일 change-up20@naver.com
홈페이지 www.changeuplibro.com

ISBN 979-11-91378-54-2(13320)

체인지업북스는 내 삶을 변화시키는 책을 펴냅니다.